香川
真心市
德島
高知
日本
四國
同行二人

那天，我走到了車用的道路，一個人，在地圖也看不懂的情況下，失去了紅色小人物的指引，半路出現了一位騎著單車的大叔，停下來為聽不懂日文的我指引道路，他說著我聽不懂的日語，明明聽不懂，卻又莫名地懂了。

於是我又回到正確的道路上，沒想到十幾分鐘過去，大叔又騎著單車出現了，送了我一瓶飲料隨即離去。

又過了十幾分鐘，當我心裡想著，我其實比較想要有人送我吃的而不是喝的。那時，大叔又騎著單車出現在我面前，送了我一袋土司麵包。這就是遍路。

—— **賴勇全**

四國，心之遍路。

請想像一個幾乎沒有自己靜心思考空間的主管，唯有透過放下一切，獨自踏上這四十二天的遍路，承受身體與意識的雙重考驗，每一步只能不停地踏步向前，心靈卻被沿途美景與美好人文所融化。

這是一段會不斷想念的旅程。於是今年，會再一次遍路。

—— **黃正頤**

記得往三角寺的途中吧，晴朗的太陽天，在山林遍路道中悠哉地走著，享受森林浴，不知哪飛來一隻蜜蜂，嗡嗡嗡的在我身邊飛，還停在我的衣服上，我嚇得在山路上拔腿狂奔，想跟牠甩開距離，讓牠遠離我，沒想到不但沒甩掉牠，還引來了另一隻，我以最快的速度穿上雨衣（防牠叮我），忍受在太陽下汗如雨下的痛苦（那天氣溫三十五度），大步快走，讓我趕快甩掉蜜蜂吧，我心裡祈禱著，這樣折騰了一個多小時吧，蜜蜂終於離開我了。

到了三角寺，在納經所裡，我邊喝著水，心有餘悸地看著窗戶角落，又看到熟悉的蜜蜂，心裡一驚，怎麼蜜蜂跟到這裡來了，仔細一看，哪是蜜蜂，根本是蒼蠅阿，那一瞬間，我突然頓悟，一小時前的我，害怕的其實不是蜜蜂，完全是我自身想像出來的恐懼。

也就在那一瞬間，終於懂了天天朗誦的「心無罣礙，無罣礙故，無有恐怖，遠離顛倒夢想，究竟涅槃」。

嗯！這就是遍路。

—— **Jerry Hsiao**

離開待了七年的軍旅生涯的我
旅行，一趟畢生難忘的旅行。在
後，發現遍路之旅很符合我「時
的需求。

第一次出國，不會日語，一個
一路上並不是風平浪靜諸事順
平安安。

曾經，我在派出所的沙發
出路；曾經，我一個人走在只
無人的山區搭起帳篷過夜；曾
著冷風……但也是因為這些曾
風景……

遍路很累，但是，如果你開

二〇〇六年的冬天，我第一次成為
當時對「四國八十八所巡拜」半點
行車完成西班牙聖地牙哥的經驗，認為
一項挑戰，便一股腦兒去了。

要對前半段路程作一總結，一字曰「
馬看花，每天有點「到此一行」的感覺，
八所寺，每寺只是匆匆一到，沒有念誦禮
隨著旅程的經過，身體慢慢累積著傷痛
人，日本的冬天冷得緊，每天野宿醒時有
後來要「快」也不行。慢下來了，看得更
大師，以及古遍路者們的艱辛。心境不同
取而代之，感謝大師的眷顧、路上萍水相
臨、天地之蓋載。每到一寺，不再匆匆，
達大窪寺時之結願是再為遍路，以謝路上
後來在二〇一一年的冬天，我又再次成
承諾，親謝當日曾幫助自己之人。五年已
路標、小屋。然而，大道、寺堂、山川依
路上尋找曾遇之人，最後再見了五位曾助
矣。

完成第二次步行遍路後，回到靈山寺，
後再來。今年是二〇一四年，三年之期到

寫此文時，當日靈山寺一別時最後的笑

，想在退伍後好好規畫一趟
拜讀了許多背包客的文章之
間長、省錢、接觸大自然」

人，就這樣我出發了。雖然
，但至少也算是有驚無險平

；曾經，我在風雨中找尋
月光的山路上；曾經，我在
，我在夜晚航行的渡輪上吹
，才能讓我看到人生最美的

了，就沒有停下來的理由。

—— **Wisher**

音。
也沒有，仗著兩年前以自
千兩百公里的路程只是另

」。對百千年的歷史，走
一心只想著何時走遍八十
拜。
疲憊，而對於我這些南方
「又生存下來」的感覺，
多，感受越深，漸漸明白
了，挑戰不再，感謝之情
逢的人之幫助、日月之照
遵循守習，念誦禮拜。到
之所遇。
為遍路者，以兌現自己的
過，道上多了不少指示、
舊。我滿帶微笑上路，一
我於難的朋友，心滿足願

道謝大師，又再約定三年
了，冬天又是上路之時。

容又再浮現臉上。

— **香港, 張家旺（鈞陶）**

「四國遍路」是走過才知深淺和奧祕的路。現代科技的文明與便利，跟古老傳說的精神與內涵之間，如何取捨與前瞻的路；有形與無形之間，與其道聽塗說，遠不及自己走一遭，方知有與無的路；走過方知，自己到底有多少能耐的路。

走在一個自然環境裡，才知自然給與我們的，是那麼充滿感恩與無法言喻的。

真的如果能用寫的心得，那真的無法一窺遍路之堂奧，能寫出的隻字片言，也只能說出一小小的見解，路——還是要去走那麼一遭。

—— **四國遍路八人行**

現今遍路無關原本的目的及信仰，是一條來自世界各地所有旅人都能造訪的朝聖之路。我想，這是遍路比起其他以信徒為主的朝聖非常不同的地方。

每個人來走遍路，必定有各自的理由與想法。徒步走在這美麗卻時而嚴峻的大自然中，自然而然體內會萌生過去未曾體驗的情緒、想法，還有嶄新的生命力。

遍路重新喚醒繁忙的現代人日漸淡薄的情感，學習到全新的價值觀，徜徉在安靜平和的自然風景，微風中飄浮著花草香，療癒了遍路旅人。於是感謝遍路也給我們帶來了健康。

我們四國人自古以來就有「接待」遍路者的傳統。若在路上被「接待」了，相信你會露出會心一笑，整日心情愉快，並化為隔日向前邁進的力量。

—— **日本德島, Sharon Language School　Takafumi Sano**

對我來說，遍路是一種人的可能性。

當中包括了：自然、時間、歷練，以及溫暖。

而當這許多的可能性被人們歷代一步一步地踏成了遍路時，腳前的下一個步伐，往往會變成自我的溝通，變成內心與這個世界的橋梁。

對我來說，這就是遍路。

它是一種美，精采，卻不亮麗。

—— **Jeffrey Chen**

【遍路者的留言】

遍路道

四国八十八ヶ所
巡拝案内図

重新感受
人與人之間的溫度
大自然對人的包容

遍路

1200公里
四國徒步記

へんろ

小歐 著

Chapter 4 菩提的道場——愛媛 138

Chapter 5 涅槃的道場——香川 184

推薦序

好喜歡在日本的四國旅行。

每去一回，喜歡四國的執著就更深。

問到為什麼如此喜歡四國？答案是喜歡四國保留了純淨卻又熱情的風土人情、喜歡四國遼闊大島周邊表情豐富的大小島嶼、喜歡四國自由中帶著強度去實現夢想的力量。當然還喜歡四國的Q彈烏龍麵、四國的緩慢路面電車、四國的海風鐵道路線。

如此喜歡著期待著四國關於人、事、物的邂逅，可是即使喜歡的這麼深，卻依然無法填補心中隱約的小遺憾，那終究未能實現的「四國遍路」。

對於這四國八十八靈場的走遍，Milly 著眼的不是宗教層面而是內修層面，認為是一種面向自己的極致旅程。

每當在四國旅行跟穿著白衣、拿著金剛杖、背負著「兩人同行」字樣的「四國遍路人」擦身而過時，都會不由得靜默在那不可侵犯的神聖中。

於是暗自期待或許也能透過四國遍路的完成，藉此擁有一個全然不同境界的自我。

只是未能實踐，Milly 終究太自戀（笑），總能輕易找到原諒自己軟弱的捷徑。

正因如此，當看見本書作者小歐如何從起念到完成「四國遍路」時，除了佩服更醒悟到一切，原來需要更發自深處、來自絕壁的吶喊和摸不到底部的焦慮，需要更透徹了然的信仰和信念，絕非只靠「不一樣的旅行」的輕薄憧憬可以成就。

作者在書中以細膩的文筆娓娓道來，如同跟著朋友連睡眠都忘卻似的促膝交心，閱讀之間彷彿也跟著走了趟「四國遍路」。

或許光是渴望企圖也走一趟四國遍路，已經是一種自己回轉修為的契機。

——旅行文字人 Milly

對於所謂「遍路」的想像，常常會冒出幾年前林義雄先生戴著斗笠全島苦行反核四的身影。對於「四國遍路」的具體形象是來自二〇〇六年江口洋介的一部日劇《迷路的大人們》，四國八十八所，沒Shopping，沒美食，走完全程的距離，說法從一千公里到一千四百公里都有，總之，苦行僧的印象極強烈，屬神人等級，一般觀光客不宜。不過本書作者小歐的親身體驗，雖說腳底長滿水泡，怎麼感覺好像是背包客程度就可以辦到？沒那麼遙不可及也就多些興致。修身養性的方式很多，效果因人而異，本人雖長期屬於廢材放空派，但這種藉由別人修煉完成的心情分享，既省時省力又可攝取豐富養分，更重要的，遍路一回，滿滿的淚與感動與勇氣，超值大推！

——小葉日本台

雙腳梳理身心，汗水洗滌思緒，人事地物路過軀體，風景隨後才自心底油然長出，比起玻璃窗外的另個世界，每個當下紮實而真切。徒步是旅行最誠懇的形貌，而遍路是一種最細膩的攝影技法。

——《兩倍半島》作者 船橋彰

序

這是一個勵志故事？

這或許是一個勵志的故事。

一個體育神經差、不愛戶外運動的人，因為受了一部日劇的感召，認識了「四國遍路」，雖然著迷不已，卻又擔心自己無法應付，經過一陣心理建設，終於扛起背包，出門行動，挑戰這一輩子從來沒試過的事。

一路上叫苦連天，腳上長滿水泡，儘管如此，還是讓我給走完了。如果世界上有誰欽羨這條路，但對一路上的艱辛有點猶豫，只要相信這個肉腳女生都可以辦到，或許就會產生信心了。很勵志吧！

但如果從另一個角度來說，這個故事或許一點都不勵志。

二〇〇九年春天完成我的初遍路，已是五年前的事。雖然一路辛苦地繞行四國一圈，經歷了「發心、修行、菩提、涅槃」四大道場，平安結願，但之後還是要回到正常的生活。

從那時到現在，我沒有因此而變得比較聰明、比較健康、比較有錢、人生比較順利，也沒有什麼戲劇化的神奇事件發生，我還是原來那個我。所以世界上若有誰以為走完這條路就會人生幸福，我想請他打消這個念頭吧！

不過，雖然我還是那個原來的我，可是好像變得有點兒不一樣了，透過這趟徒步旅行，我得到了人生中相當難得的一段時光，能和自己親密相處，這讓我對自己的認識多一點。

這趟旅程和一般的背包旅行有點不一樣，也和徒步環台有點不同，遍路道是一條被安排好的路線，只要事前準備妥當，按著地圖和指標走，其實不用太擔心吃和住的問題；而以一座一座寺作為區段，旅者也有明確的進度可依循，不需每天考慮移動方式，反正只管走就是了；而我雖然不是真言宗的信徒，但是當步行到每一座寺，和寺內的本尊佛菩薩及空海大師行禮時，還是會感受到正面的肯定力量。

因為這條路如此安排妥善且定義分明，旅者只要關注好自己的身心，於是身體和心情純粹的感受，被調到最大的音量，我才發現，原來我是由這些思緒組成的人。能對自己有這樣的認識，雖不足對外人道，但對我來說卻是一種相當重要的力量，陪伴著我一直到現在。

在我準備上路前，因為苦於一直沒有完整的中文遊記可供參考，日文能力也不足，所以功課做得有點辛苦；那時就在想，自己走完，或許可以把它記錄成文，讓更多有興趣的朋友能了解這條路的實際情況。於是回台之後就在部落格上發表了遊記，並轉貼在背包客棧上。

後來，真的有人因此上路，我也陸續認識了一些遍路朋友，在二〇一一年秋末的一次聚會後，我在臉書上開設「四國遍路同好會」，讓華文世界對遍路有興趣的人，有一個交流的園地。也從這個同好會上，看到一位又一位的旅人遍路歸來，帶回那條路上的消息。

非常感謝出版社給我這個機會，讓我的遍路遊記在遍路道一千兩百年這個美好的時機，重新改寫成書；而成書的過程，也有許多好朋友來幫忙，在此感謝大家。這本書能在這樣的情況下誕生，非常幸福。

接下來，歡迎各位朋友來認識「遍路」，和我在路上發生的故事。我深信，不管你會不會成為遍路者，但只是知道世界上確實存在著這樣一條道路，可以好好走著、陪伴自己，就是一件令人感到安心的事。

へんろ道

Chapter 1 人生即遍路

你知道嗎？
世界上有這麼一條路，它有一千兩百年的歷史、
一千兩百公里的長度，你可以徒步走上去，
環繞一圈，它叫「四國遍路」。

這條路是一個實踐人生和夢想的模型，
它會讓你體驗到什麼是熱烈的發心、什麼是艱辛的修行、
什麼是證悟的菩提、什麼是自在的涅槃。

這條路會讓你見識脆弱、體驗虛無，
而它也會肯定你的信心，教你看清能耐。
然後它會陪伴你，成為你的一部分，
伴你步上真正的人生路。

心中渴望著一條路

和許多人相比起來，我應該算是一個人生順利的人。從小到大，在爸媽的呵護下長大，雖然沒有把乖巧當作我的人生志向，但就是順著那條路走過去，順利地考上了高中，也因為參加了推薦甄試而考上不錯的大學，得以免掉填志願時得考慮自己未來的那個關卡。

剛進大學時，我感到很興奮，人生好像有了許多自由，大一、大二的日子過得很豐富，所謂的青春就是如此吧。上了大三之後，同學之間的聊天話題，很自然地討論起畢業後的打算；當時的我，成績看起來還過得去，系裡的課業也算學得上手，便也沒有想太多地準備繼續升學，最後，我又再度順利地考上研究所。

你可能覺得這個故事是在炫耀自己人生順遂嗎？我並沒有這個意思，我只是在陳述我剛好發生的人生而已。或是你認為這個故事太過平凡，好像那個誰或你本人差不多也是這樣走過來的啊！那好，我想這樣的你，應該可以明白我接下來得面對的問題。

研究所的那三年，我一年比一年不開心，但或許是從小到大培養好的乖巧已成為我個人的內建程式，使得我可以在表面上仍符合師長的要求，好好交報告、好好準備論文。但內在的我則被莫名的焦慮充滿，突然失去了感到快樂的能力，不管是研究上有進展，或是和指導教授meeting順利都沒啥所謂。

一個人如果可以放下堅持、擺爛來憂鬱，雖然那感覺糟透了，但至少可以得到他人的關心（雖然可能是壓力）與寬容（對這種情況表示出搖頭但也沒辦法的理解）；但是放不下乖巧形象的我，仍緊守著時間的分際，努力當個好學生，內心的焦慮只能默默悶燒，旁人還認為你完全沒問題，這痛苦的程度其實不輸給被醫生認可的憂鬱症患者。

當苦悶無處發洩時，我選擇了一種很實際的抒壓方式，就是去學校跑操場，既可健身，也可以讓心中的壓力消散一點。不是說運動會分泌腦內啡嗎？這種天然的鎮痛劑，加上沿著跑道持續前進的規律感，很符合我處事善順的原則。

在某個論文接近完稿的下午，我在跑道上慢跑著，或許是腦內啡開始作用，加上意識到這種如跑道般規範良好的學校生活就快結束了，我頓時明白了我到底在焦慮什麼。

那時候的我已經察覺到，對於我正忙著的論文，並沒有發自內心的興趣，除了得忍耐著把它寫完之外，還得考慮接下來的人生要做什麼好。但是要做什麼好呢？

原來，從小到大，我一直是依靠刪去法在過生活，比如說升學，因為數理很差，其他的成績還可以，但在藝術和運動領域沒有什麼過人的才華，所以很自然地考了普通高中，選了社會組；而同樣地為了免除數學的困擾，在考慮大學志願時就把要碰到數學的科系通統劃掉，再把看不太懂要學什麼的社會科學系排除，在剩下的文、法和傳播學院中，剛好發現我的歷史成績還不錯，且剛好也有一家好大學的歷史系有推薦甄試的招生，於是就去試試，沒想到就考上了。

在大學裡選課時也是一樣，我只是把不想上的課刪掉，然後把不討厭的課程當成是自以為有興趣的課來上；而在研究所選研究主題時，也是因為不想碰到外文而排除外國史，不喜歡中國近現代史的複雜，台灣史領域又不熟悉，古代史在那時又不流行，於是折衷選了清代社會史。

如果我是打從心裡願意過著這樣的人生那也很好，有大概可以過關的能力，大概地做一件安全的事，人生應該也沒有什麼問題。但是，當我意識到自己在用刪去法過日子的同時，卻看到有同學一談起他正在進行的研究就能聊到臉上發光，或許他並不知道，但在許多對話的瞬間，從他內心散發出的熱情刺到了我。那一陣子，我甚至只要看到那種真誠地在談夢想的電視節目或電影，就會不自覺地流淚。

我對於這種光彩特別羨慕與在意，而這卻讓我手足無措，從小到大，我並沒有什麼自己打從心裡很想做、且後來也持續做著的事。那時候我想著，如果可以，我也想要有那樣的東西。但是那個東西是什麼？當它來了的時候，我會知道嗎？我有能力和它好好相處，然後把它變成我的一部分嗎？

馬上就要畢業了，畢業就像是搭火車來到了鐵軌的終站，未來的人生我得想辦法自行找路、找交通工具抵達真正的目的地。但是我的目的地在哪裡呢？我又該選擇哪條路通往那裡呢？

當我發現自己的焦慮後，心裡好過了一點，畢竟這樣一來可以減少一些慌張，也能比較專心地檢視焦慮的核心。

畢業後我仍帶著那份焦慮同行，雖然明白要解決這個焦慮並不容易，但心中總是渴望著有一條路在眼前展開，就像是曾經的學校生活所帶給我的軌道感覺一樣。如果真有這麼一條路出現，我將是以個人的意志去親近，讓它帶領著我思考人生，向前邁進。

這或許就是為什麼，我會對「四國遍路」產生好感，進而踏上那條路的深層原因；環繞日本四國一圈的遍路道，是一條具體的道路，有指標告示，有不同階段各自分明的定義，我只要好好地走著，自然得以領略其中的教訓。

對我來說，走上那條路，就像是一場學習人生過程、學習如何面對自己心意、學習與挫折共處、學習如何實現夢想的旅行。

我僅僅是走了一個半月的路，但是內心所得到的收穫卻超出我想像，遍路行旅中得到的

或許是因為遍路道有具體的路，有明確的指標，
讓我對它有了莫名的好感。

心得似乎也成為我心中內建的另一個程式，讓我對於沒有方向的人生路上，多了一份肯定自己的導航儀；或當我心中浮起了任何願望，我會明白雖然實踐的過程可能麻煩辛苦，但是卻多了一些走過去的勇氣。

準備上路時，已在路上

最早知道遍路這回事，大概是來自一九九九年的電影《死國》。這部片是由筒井道隆、夏川結衣和栗山千明主演，栗山在劇中的角色早逝，她母親便以一種傳說中的牽魂術來使女兒復活：「依亡者的年齡作為步行四國遍路的圈數，這樣亡者就能重生。」電影裡不時會出現四國的遍路地圖，還有一些穿著白衣、拿著金剛杖的人。不過我那時候以為這只是一種傳說，而且是比較可怕的那種。

一直到二〇〇六年底，我才比較清楚「遍路」是怎麼回事。那時看了一部日劇──《迷路的大人們》（ウォーカーズ～迷子の大人たち），由江口洋介主演。故事敘述一群人在四國遍路的途中相遇，然後一起走完遍路；在這段漫長的步行期間，每個人都在和自己遇到的人生困難和迷惘作戰，不停地澄清著自己真正在意的想法，而當他們走到第八十八所寺廟時，每個人都在照相機前留下清朗的笑臉。

看完這部戲時，我才知道遍路完全不像《死國》那樣恐怖神祕。而且有一種非常滿足的感動，像是被注入了一股具有流動感且溫柔的力量，產生了充滿希望的愉悅。

而遍路旅程的四個縣，分別代表了「發心、修行、菩提、涅槃」的不同階段，更加讓人著迷，那不就是我一直期待的事？這似乎是我長期憂鬱的解藥，只要沿著這條明確的道路行走，必定會帶來某些頓悟。

那時我即刻動了想去遍路的念頭，還試著上網查詢遍路的各種資訊，但沒多久後就搖搖頭地關上網頁了。

因為仔細算算才發現去一趟至少要四十天，每天的住宿費、飯錢，加上來回機票，大概也要準備個二十萬台幣。而且一路上看起來得經過很多鄉下地方，日文得要很好才行。還有如果是我一個人去的話，應該會很可怕吧？

人真的是很有趣的動物，我們常常會說自己想做什麼事，有什麼厲害的理想，但是只要一遇到困難築起來的牆，就馬上摸摸鼻子說此路不通而轉向了。

我想錢和語言能力是我所遇到的困難。那時我的想法是有二十萬的存款並不是一件難事，可是如果我都有了這筆錢可以讓我隨便花的話，為什麼我非得要拿我辛苦存來的錢去做這件辛苦事。

而語言能力的部分，或許好好去學習就可以了，但我就是對此感到麻煩而懶得做。還有還有，我有一個人去的勇氣嗎？

所以說，我想去四國遍路嗎？我想去做這件可能是「解除我人生困境的靈藥」的事嗎？

還是想啊！可是……

要是這些藉口強大到把想去的念頭都打死就好了，而偏偏戲也不是這樣演的。去「四國遍路」的想法於是變身為一個小小的願望，以一種不急不徐的姿態在我心裡住著，它容許我用上述那種鬼打牆模式來對待它，不會捍我、不會騷擾我也不會負面評價我，但只要一有機會就會出現來提醒我一下。

二〇〇七年，我去了一趟京都，受了遍路的影響，加上我對京都並不陌生，此行的移動方式就以走路為主。

旅行的倒數第三天，我在伏見稻荷神社繞行完全程，原本還是個太陽天，但走到一半卻突然下雪了。離開稻荷神社後我徒步到東福寺，雪大到地上都有積雪。從東福寺往東寺的路上，則是下起雨來，天色變得灰濛濛且冷得要命，讓我在這段路上心情頓時落到低點。

沒想到走到東寺時，太陽又出來了，眼前的世界像是重新換了布景，路程中的灰暗消失，走在東寺的廣場望著五重塔和來朝拜的人們時，也突然不曉得我剛剛為何要感傷了。進了東寺的園區，看到幾位穿著白衣的遍路者，進到殿裡也看到了商店販售著遍路用的地圖、衣服等用品，翻了其中一本書才曉得，原來東寺正是四國遍路的起點。東寺是由空海大師所開創之真言宗的根本道場，所以許多遍路者會先來和東寺的菩薩報告，再前往四國行遍路。

這是一種暗示嗎？我很正經地和那裡的菩薩說話，沒有肯定的口吻，也不敢說一定要去，此時的我顯得迷惘，在菩薩面前只能供上我願意更接近這件事的小心意。

回到台灣後，我感覺到想去遍路的心情，已在我心裡長大，或許我心裡的那顆遍路種子，已經發出翠綠的芽來了。這種感覺對我來說很新鮮，它完全不像我以往用刪去法過日子時，大量排除後所剩下的「偽興趣」——因為只剩下這個了，於是我以為我喜歡它。遍路在我心裡積極又開朗，且不介意我對它進行任何評價、甚至攻擊。

那時候我經常在想一個問題，就是人在想要去做一件比較困難、需要付出較多代價的事時，到底要想到什麼程度才化為行動？要想清楚自己的目的嗎？要想清楚它會有的回饋嗎？要想到可能帶來的風險嗎？要知道自己有多想嗎？那麼多想才足夠呢？

以前也是有為了想要考上不錯的學校而好好念書，想要拿到好成績而好好寫報告，或是想要去哪裡玩而好好存錢的經驗，但是在做那些事的時候，有一個清楚明白且普世認同的目標——你有心願，你的心願可以為之後的人生帶來順遂，你在過程中的期待和努力不會受到質疑，且欣然接受追求到的成果。

但是四國遍路對我的意義是什麼呢？走到終點的時候，等待著我的會是什麼呢？受人尊敬嗎？贏得對未來人生的輕鬆嗎？一段貌似人生解藥的旅行，我真的能被療癒嗎？這是一條有宗教上意義的朝聖之路，但我接受這種信仰嗎？好像都沒有。取而代之的是，得花一大筆錢，忍受身體的極度疲勞，挑戰我最討厭的爬山，還有旅途上無止境的不安。

其實一直找不到一個百分之百說服自己的說法，但是每當我一思考的同時，就像給那株嫩芽灌了水添了肥料一樣，使它在我的心裡慢慢地長大。

隔年一月，任職的公司辦了一次京都的員工旅遊，基於我對京都比較熟悉，所以行程的安排多是我來處理。其實我的日文程度並不好，但在那一趟旅行時，不曉得為什麼竟可以說一些了，雖然文法和字彙都不正確，不過能達到溝通的目的就好了，於是，關於語言能力的迷思突然解除了。

接著我又給自己安排了一趟四國自助旅行，親自踏上那片土地，並去其中幾個寺院逛逛。

也因為這趟旅行，漸漸能具體想像如果踏上四國走遍路時，會是一個怎樣的情況。

大概是那一次四國旅行回來，就決定要付諸實行去走一趟，而且是一次走完。那棵芽又長得更高了，它的存在已大到讓我無法忽視。

我已感覺到所有的箭頭都指向那裡，原本兩成的意願，馬上長高到六成，心意已過半，我得好好來存錢和存勇氣了。為了湊足一筆旅費，必須每個月存到一筆錢，有了明確的目標，理所當然的，過往生活常有的開銷也逐漸減少了。

關於勇氣，也因為好友Ｍ要加入同行，問題變得簡單許多，只要把錢存好，放下工作，就能上路。

二〇〇六年冬天起心動念的夢想，經過一些時間消除迷思及安排準備，終於在二〇〇九年春天起身實踐了。

在完成遍路之後，當我開始回想一路走來的心路歷程時，才發現當在思考遍路時，遍路的思考方式已在教育著我。它讓我意識到發心時的喜悅，經歷鬼打牆的修行魔考，面對自我質疑的煩惱挑戰，享受自在充實的上路準備。

原來，當有了想望，儘管前方的路不清楚，但沒有關係，只要試著往前走，就有辦法實踐。人生即遍路，不是嗎？

何謂「四國遍路」？

「四國遍路」簡而言之是日本真言宗的一種修行方式，指的是依著順時針方向，依序參拜四國的八十八座靈場。靈場，在日文中乃指佛寺、神社之類的宗教設施，而四國這八十八座靈場都是佛寺。

從第一座位在德島縣的靈山寺到第八十八座位在香川縣的大窪寺，距離約一千兩百多公里。不過遍路道有分徒步道、車道，許多路段也有各種捷徑，所以在不同的相關資料上，對於距離的說法從一千公里到一千四百公里都有。

遍路的起源和空海大師有關。在去遍路之前，我對他的認識是來自於夢枕貘的《沙門空海》，這套系列作品敘述著空海於三十歲左右入唐求法時的故事，充滿著神通鬼怪的傳奇。夢枕貘試圖把空海人性化，於是我對他的最初印象，不是神聖的大師，而是有血有肉的人。

空海大師出生於四國讚岐（即今日的香川縣），俗名佐伯真魚，他父親是地方的豪族，舅父是在朝為官的大學者，在空海少年時期曾苦學漢文和中國古籍，家人期以將來能成為朝中的官吏。在他的著作《三教指歸》裡，可看出其高深的漢學知識。

當空海在大學求學時，有一位沙門教了他密教裡的《虛空藏求聞持法》，引發他想要出家的意志。

之後他便退學，在近畿及四國等地步行苦修，也曾在德島的大瀧岳和高知的室戶岬等地修持《虛空藏求聞持法》。其法乃一心不亂地唱誦虛空藏菩薩真言一百萬遍，大師以其超強的記憶力與毅力，成就了這個密法。

之後他擔任遣唐使到中國，向密教第七祖惠果大師學習佛法，包括胎藏界及金剛界法，並接受傳法阿闍梨的灌頂，成為惠果大師的真言密教繼承人；他於惠果大師去世後返日，並把許多中國的典籍、佛像、法器都帶回日本。

空海回到日本後創立了日本真言密教，也開設了高野山的道場。他和同為密教的天台宗宗師最澄之間的交誼往來，是當時佛教界的一項大事。雖然已是一介大師，他仍不忘佛陀的遺訓，繼續徒步苦修，他在四國各處的**巡錫**之旅，逐漸成為四國遍路的原型。

然而，確實由誰及於何時定義了這八十八所靈場，至今尚無定論，但目前較為普遍的說法是：約有三十九座是由空海大師所開基；另外一部分則多為奈良時代的修行者所建，其中又以高僧行基菩薩開創的寺院為最多，待之後空海大師於四國巡錫時，再將之定為靈場。

雖無明確的史料可以支持，但目前較普遍的說法，認為其時間約在弘仁六年（西元八一五年），也就是說這條遍路道約有一千兩百年的歷史了。

巡錫：佛教用語，和尚巡遊教化時，必持錫杖，故稱之。

關於取數八十八的說法也眾說紛紜，其中一說是「在日本厄年信仰上，男厄年四十二歲，女厄年三十三歲，小孩的厄年十三歲，皆為大厄，合計為八十八」，與佛經中「見惑八十八使」等意，以此數引申為人類的煩惱，而人之所以要修行，就是為了破除、放下這些煩惱執著。

而在空海大師之後又有許多修行者為了追隨大師的修行，以跋山涉水的「邊路」來徒步環繞四國，其中以愛媛縣的地主衛門三郎為了向空海大師懺悔而繞行四國最為出名，也有一說認為衛門三郎才是遍路的開創者。

原本所謂的「邊路」、「遍路」乃是出家人的苦修方式，而到了江戶時代初期（約十七世紀末），高野山的修行者宥辨真念曾親行遍路二十次以上，他發行了《四國邊路道指南》、《四國偏禮功德記》兩書，以及另一位高野山學僧雲石堂寂本參考真念作品，出版了《四國偏禮靈場記》，三書介紹了各寺本尊、靈場之間距離等遍路道的資訊，是目前所知最早的遍路導覽，這也使得遍路更為民間所知，帶動一般庶民進行遍路，於是四國遍路的傳統也一直被保留到現在。

現今的遍路道

現在，「四國遍路」除了是佛教徒的修行法之外，也成為現代人沉澱自我的一種修練方式，或許是尋問人生意義、祈求福報安康、對自身的贖罪懺悔，四國遍路確實是一條接近自己心願的途徑。

八十八靈場分布在四國的四個縣，依順時針順序為德島、高知、愛媛、香川。在昭和三十六年（一九六一年）荒木戒空所寫的遍路指南中，賦予了四個縣在遍路進程各自不同的境界與意義，而這樣的說法也流傳到現今。

阿波（德島） 發心的道場 二十三座寺

土佐（高知） 修行的道場 十六座寺

伊予（愛媛） 菩提的道場 二十六座寺

讚岐（香川） 涅槃的道場 二十三座寺

不過，現代人遍路的要求並沒有那麼嚴格，沒有人規定非要從頭到尾一口氣全部走完才叫遍路。遍路是一件自己的事，你要不要進行，你要怎麼進行都由自己決定，於是交通工具不再只限於雙腳。

在日本有很多旅行社會安排遍路旅行團，對於時間不多、預算充足的人來說，可選擇參加遍路旅行團，甚至也有兩人即可成行的遍路計程車，費用自然會貴一點。或者開車遍路、騎重機遍路、騎自行遍路或走路遍路都可以。

如果時間比較零碎，也可以一次只走一個縣，一次只走幾間寺院，各種進度的走法均可隨意。

一般依順序順時針行走的遍路，稱為「順打」（順打ち）。如果想要逆時針走，從第八十八走到第一也是可以，這種遍路方式稱為「逆打」（逆打ち），據說這樣走的功德是順打的三倍，不過第一次走的人，最好是不要直接挑戰逆打。因為遍路道上所有的指引都是為了順打而設計的，對於完全沒走過的人來說，倒著走很容易迷路，難度非常高，對於每一步都不能白走的步行遍路者來說，還是要謹慎才行。

如果全程徒步，腳程快者可在四十天內完成，一般人也可在五十天內完成，但步行者要自行掌握好自己的節奏，不要逞強，這樣才有平安走完的保證。

遍路道上幾乎每二十公里內就有供遍路者住宿的民宿或旅館，入住需事先預訂，也接受當日預訂。但如果遇到連假或是某些登山口只有一家較近的住宿點時，建議還是提早預訂。而預訂好的住宿如果要取消，也務必盡早聯絡，以免為住宿點及其他遍路者帶來困擾。

如果想要挑戰野宿也可以，需自備睡袋和帳篷，而遍路道上偶而有可借宿的遍路小屋，有些寺廟也有通夜堂可讓人免費暫住。

走到第八十八座靈場之後，是要再從第八十八號走到第一號、或是到高野山奧之院參拜結願，哪種才算完整的行旅？至今也無定論，故可視遍路者的心意安排行程即可。

不過，遍路走完，人生還是要繼續，接下來會不會比較順利不曉得，但應該會對自己的體力和脾氣比較熟悉，這是唯一比較確定的事了。

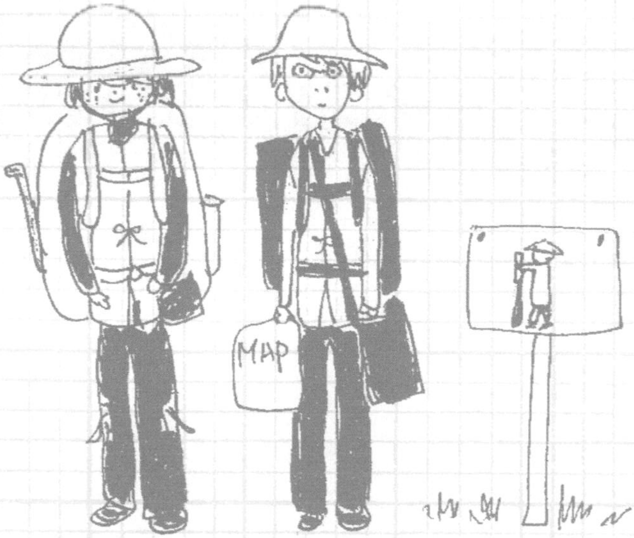
MAP

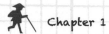

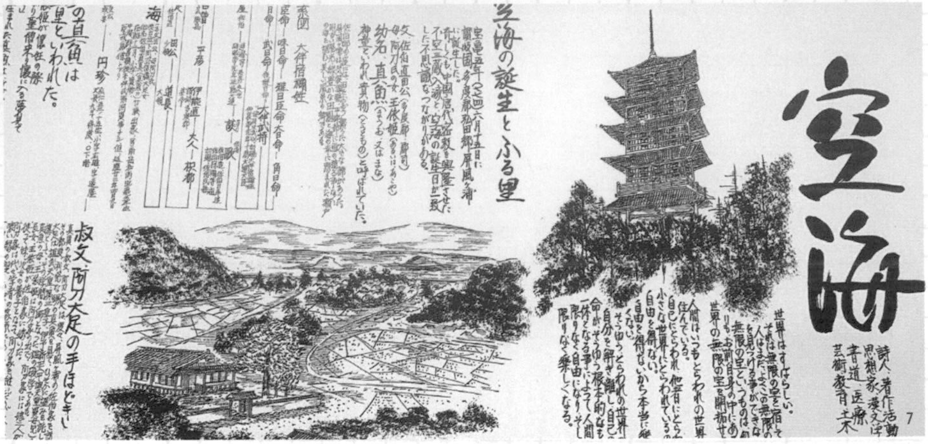

5 「人生即遍路」為日本俳句詩人種田山頭火的名句。山口縣出身的山頭火，早稻田大學中輟，前半生波折不羈；四十六歲後，開始在九州、四國及中國地區行腳流浪；五十八歲時逝於愛媛縣松山市。 /6 有些遍路者會把京都東寺當成遍路的起點，先來此通報參拜，再轉往四國行遍路。 /7 第二十七號神峰寺內，有展示著空海大師一生故事的立牌。

1 二〇一四年至二〇一五年五月底是四國遍路開創一千兩百年紀念期間，八十八所靈場皆有紀念活動，四國各地可見宣傳旗幟飛揚。
2 在日本寺廟或神社裡都設有納經所，參拜完時可持納經帳至此取得墨書與朱印。看著寫字的女士，心想能做一份專心寫字的工作也是不錯的。　／**3** 雖不求諸願成就，但我總以為走完這條路，必定會讓我更加清明頓悟。　／**4** 傳說衛門三郎是伊予的地方豪農，當地人都很懼怕他，他更無禮地趕走上門托缽的僧侶，甚至打爛僧侶用的鐵缽，沒想到這位僧侶就是空海大師。之後，厄運降臨衛門三郎家，他的八個孩子接連死去，衛門三郎即時醒悟，為了尋找大師謝罪，他順時針環繞四國走了二十圈，都未見著大師，於是逆時針繞行，在燒山寺附近病倒，於死期迫近之時，終於再見大師。

十三番
あと
Km
3.6

Chapter 2

發心的道場——德島

發心是熾烈而衝動的，
思緒變化快且充滿期待，就像德島的路，
豐富多變，有樂有苦。

時而蜿蜒於市街巷弄，時而綻放至田野花香，
時而穿梭在古道祕徑，
就算有三座艱困的山道難關也不足懼，
因為初萌起的熱情不管遇到什麼事都可以燃燒、
可以堅持。

而路，才剛開始而已。

1 靈山寺
2 極樂寺
3 金泉寺
4 大日寺
5 地藏寺
6 安樂寺
7 十樂寺
8 熊谷寺
9 法輪寺
10 切幡寺
11 藤井寺
12 燒山寺

13 大日寺
14 常樂寺
15 國分寺
16 觀音寺
17 井戶寺
18 恩山寺
19 立江寺
20 鶴林寺
21 太龍寺
22 平等寺
23 藥王寺

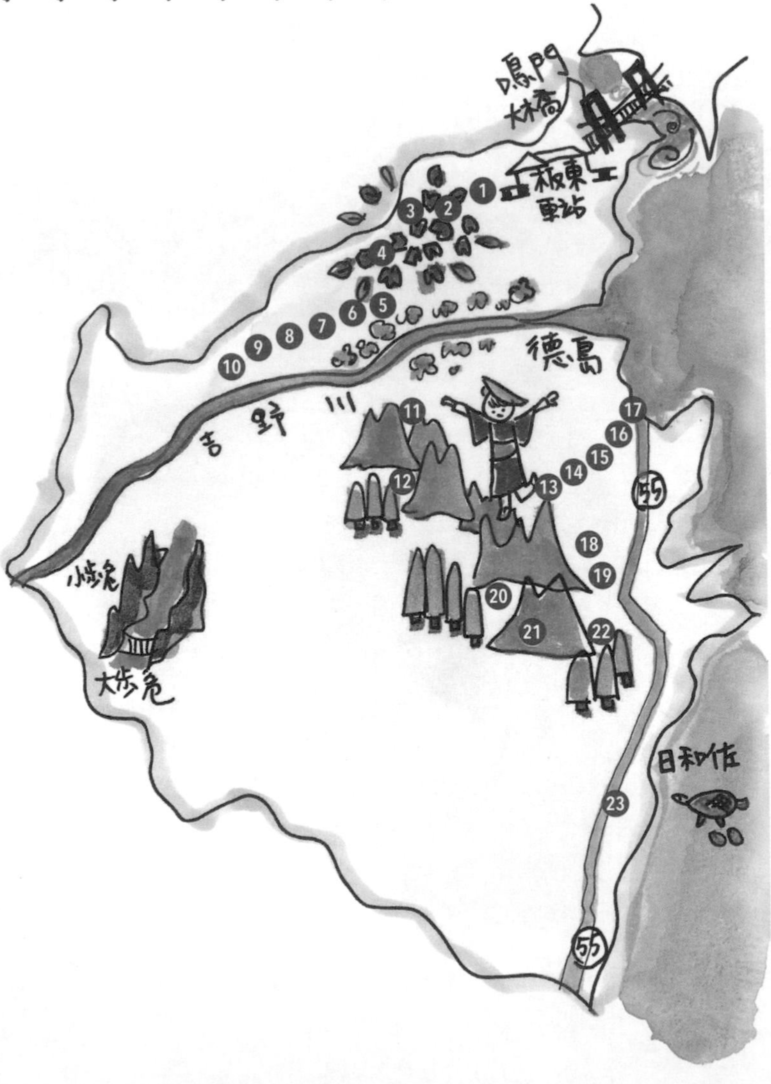

德島

遍路就是真人版的連連看遊戲

二〇〇九年四月六日，是我們要出發的日子，搭乘國泰下午往大阪的飛機。到了機場，還沒有看到M，於是我先去辦登機手續，並等她來會合。

坐在機場的椅子上時，要去遍路的真實感就出現了。在還沒有出發前，我對於遍路其實有點無感，我指的無感是說，我曉得要去走遍路，但是對於它包含每天要長途跋涉所產生的各種不安和不快，我都假裝沒感覺，想著那些都是到時候再說的問題。

我原本就不是愛運動的人，除了害怕走山路之外，體力也不好，雖曾考慮出發前要好好訓練長距離走路，但又害怕練習時太痛苦而不敢去，於是使什麼都沒做。

出門前早有朋友先準備好安慰的話，「沒有走完也沒關係喲！不用勉強自己，平安最重要。」當時我聽了還不以為然地覺得，怎麼可能走不完！真不知是哪來的自信。

而當我坐在機場的椅子上等著M時，此行需面對的所有一切，像瞬間集合過來，把所有光鮮亮麗的包裝撕開，攤平在眼前，讓我不得不直視著它們。

首先是剛剛拖運過秤的行李。之前在網路上找資料時，遍路前輩們都會建議一般投宿旅館民宿的步行遍路者全身的行李，以不要超過七公斤為宜；如果選擇野宿的遍路者要背帳篷和睡袋，行李相對會再重些，但也應選擇輕量的配備。而我剛剛過秤的行李是七點九公斤，顯然已超重，之後還要增加地圖和納經帳等遍路用品。這個重量對於常常登山的人來說或許沒什麼，但是對肉腳的我而言，可是第一次；背是背得動，但是走久了會累，肩膀還是會痛，我真的辦得到嗎？

人在對自己產生疑惑時，似乎疑惑們就會一起出現，突然間各種問題一擁而上，自己的語言能力夠用嗎？萬一迷路怎麼辦？萬一在路上跌倒受傷怎麼辦？萬一走到再也走不下去了怎麼辦？萬一……

雖然我表面看起來還算平靜，但是被這些質疑群起攻擊時，卻也不由得緊張了起來，信心的汽球此時開始洩氣了，讓我不時想嘆口氣。

但等M辦完登機手續，並告訴我她的行李重量是十二點六公斤之後，我突然覺得剛才不該那麼擔心的。不過，雖然她的行李更重，可我的行李也不會因為這樣而變輕一點，只是能承擔更重的她更了不起，但我的肩膀到時候還是會痛會累，自己的人生還是要自己面對。

下了飛機後，我們選擇搭巴士，從關西機場坐到難波的巴士站，從巴士站走到這天住宿的飯店，大概只要五分鐘。

這一路上，我們討論著隔天的計畫，還有未來的行程。M之前沒有來過四國，對那裡比較不熟悉，當我和她聊起高知、愛媛或是香川的景點時，總是很興奮，但馬上就覺得這些話題很奢侈，現在還不曉得我們走不走得到那裡啊！

我想是得一直背負著行李這件事，把我們搞得很沒信心，當背著行李從車站走到飯店的那段路上，便深切地明白了這就是我們的未來。這趟旅行每天都得拿出真實的自己來應對，首先要克服德島，才會有高知、愛媛和香川，或者說我們得克服明天，才會有後天，下一個點必須接續著上一個點才能串起來。

遍路八十八所靈場就是真人版的連連看遊戲，我們得把自己的腳當成畫筆一步接一步走過，才能串連得起來。

於是，雖然口頭上在開玩笑，但彼此的言語裡都只能畏畏怯怯地期待著如果走到哪裡哪裡時，會有著怎樣的心情。那時的我們，一句豪語也不敢說，明天是否一切順利，也不是很確定了。

紅色小人，我們的暗號

隔天，我們起了個大早，搭巴士到德島，車程約兩個多小時。抵達德島車站後，我們要搭ＪＲ高德線的火車到板東站。

火車還要再一會兒才來，我想趁這個空檔先預訂晚上的住宿。原本在規畫行程時，預計這天或許能走到第五號和第六號寺廟之間的民宿壽食堂或第六號安樂寺的宿坊；但如果狀況不好的話，就住第五號寺廟門前的森本屋。而此刻，我已明白我們的進度大概是快不起來，還是直接打電話給森本屋吧。

電話響了很久才有人接起，接電話的是一位老婆婆，她的問題和回答都非常簡潔，我甚至不確定她是否聽懂我說的話時，她就說了「知道了」，然後電話就掛上了。好吧！就當作是訂好了。

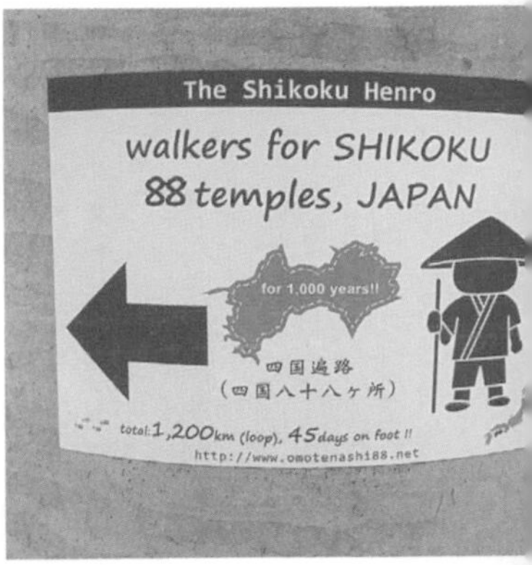

德島站到板東有五站的距離，從板東下車後，約步行一公里便到達第一座靈場靈山寺。

靈山寺是遍路道的起點，也是發願的寺。這裡通常都很熱鬧，一進山門，一邊是多寶塔，另一邊則是鯉魚悠游的放生池。除了遍路者之外，也常有不少觀光客到此 遊。

在這裡我先說明一下完整的參拜遍路寺院的完整程序：

1. **當到達寺院進到山門前時，要整理好自己的衣冠，雙手合十敬禮；**
2. **洗手；**
3. **敲鐘；**
4. **到本堂前點蠟燭、點線香、投納札（一種寫上自己名字住所，用意為秉告菩薩大師的紙條）、賽錢（捐香油錢）、誦經（順序為合掌禮拜，開經**

偈，般若心經，御本尊真言，光明真言，御寶號，回向文，合掌禮拜）；

5. 同樣的行禮再到大師堂重覆一次；

6. 到納經所用墨書和朱印、取得御影（需三百圓）；

7. 離開寺院，出山門後，要回頭行個禮再告退。

此行我們沒有全套行禮如儀，省略了香燭納札的步驟，誦經時也只以心經為主。

在靈山寺行完禮之後，我們就到本堂旁的納經所兼賣店瞧瞧，對步行遍路者來說一定要買的就是徒步者用的遍路地圖，接下來找路、預訂住宿，都得依賴其中的資訊；我們也買了納經帳，就是一本到每個寺參拜時可用墨印的冊子。

靈山寺賣店裡有位阿姨來招呼我們，她得知我們今天開始走遍路之後，讓我們在一本登記簿上留下資料，接著送給我們一人一件白衣背心。

我再插播一下遍路的完整裝扮：首先是穿著背後印有「南無大師遍照金剛 同行二人」字樣的白衣、白褲。古時候由於走遍路很艱難，隨時可能會遭遇生命的危險，因此遍路者會直接穿上死者的裝束，因而留傳下這樣的打扮。

另外是胸前掛的**輪袈裟**，手持數珠（念珠）、金剛杖，頭帶菅笠（斗笠），身背白色頭

輪袈裟：一種簡易的僧服裝扮，以代替正式的袈裟服。

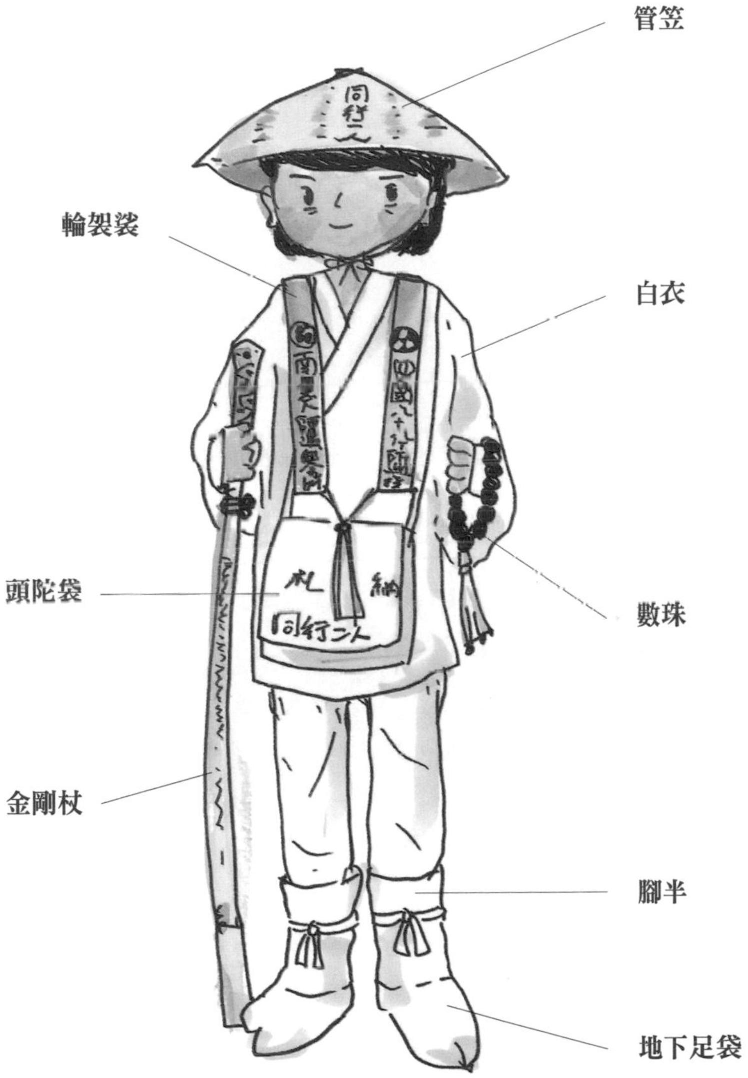
管笠
輪袈裟
白衣
頭陀袋
數珠
金剛杖
腳半
地下足袋

陀袋。頭陀袋裡可以放遍路巡禮時所需的納經帳、納札、香燭、經本等。

以上所有用品皆可在靈山寺的賣店買到，但是不是需要全套購買就看個人了，不過對於步行的遍路者來說，至少還是要穿上遍路白衣，這樣走在路上，比較容易辨識，需要幫助時也容易取得理解。

阿姨之後又給了我們一些關於參拜及住宿點、休息站的資料；若是想要選擇野宿的遍路者，這裡也有提供詳細的免費住宿資訊。

離開靈山寺後，我們依著一路上的遍路指標前行，指標多半有個紅色的遍路小人，或是附有寺名、方向箭頭加里程數的簡易指示。

沒多久，我們就來到第二號極樂寺，這座寺裡有樹齡一千兩百餘年的「長命杉」，據說是空海大師當年親手栽種的。

第三號金泉寺也有關於空海大師的聖蹟，金泉寺本名為金光明寺，當大師在四國巡錫路過這一帶，在寺境內發現了黃金靈水的湧泉，因而改稱金泉寺，金泉水傳說有延年益命的神效。

當我們走到第二號時，由於時間還早，雖然看到附近在賣便當卻沒有買；等到走到第三號時覺得餓了，打聽到附近食堂的位置，走過去才發現沒有營業。

於是我們學到了接下來生活的原則：第一就是隨身要攜帶食物，走路其實很需要體力，但遍路道上不見得隨時可以買到東西吃；第二就是如果時間差不多了，而且遇到可以吃飯的地方，就趕快把握機會去吃吧！

離開金泉寺後，我們繼續跟著遍路箭頭走，原本還是沿著大馬路前行，一會兒就彎進小巷，穿過墓園，踏過田埂，也在鄉間的產業道路上彎來彎去，箭頭和小人貼紙指引著我們方向，必須得隨時留意才行。

走路時如果不專心，錯過了指示，是很容易迷路的。而這段路的指示很多，路況也多變，於是我們也學到了必須專心走路的原則。

跟著箭頭走，有一種趣味，像是尋寶遊戲，但也像我們屬於某個祕密結社的祕密行動，箭頭就像暗號，只有同道中人才明白那代表的意義。

七十九歲的神戶婆婆

從第三號到第四號大日寺的距離約五公里，加上一早的奔波，這已讓我們感到疲勞，但是又對於第一天才走十公里就叫累的自己沮喪不已。不過因為天氣太好，春天的四國鄉村道路櫻花盛開，心裡的另一面正盡情地享受步行。

大日寺有別於前三座，它的位置不在主要幹道上，而在山坳的小路上，顯得格外幽靜，因其供奉大日如來而得名。

第四號到第五號地藏寺的距離不到兩公里。地藏寺的山門口則有一棵樹齡八百年的銀杏樹，此外這裡的奧院（本寺的內殿）也以供奉著五百羅漢像而著名。

一離開地藏寺，就看到預訂的森本屋。來招呼我們的就是接電話的那位婆婆，當天民宿只有她一個人在打理，我們到達時已有兩位住客在，森本婆婆大概介紹了一下設施，就讓我們去洗澡。

遍路是個會流很多汗的活動，加上無法帶太多行李，所以每天都得洗衣服，有時我們會趁洗澡時順手洗了衣物，有些住宿點也會提供洗衣和烘衣設備。這天我們自己手洗了衣服，而婆婆空出了走道、擺上曬衣架，讓大家曬衣服。

六點多時，大家到食堂用餐，這晚加我們共有六個人住在這裡，除了我們，還有三位歐吉桑和一位婆婆，大家都在聊關於接下來的路程，森本婆婆偶而會加入討論，或是幫大家打電話預訂接下來的住宿。

一會兒，森本婆婆拿了一個裝有很多小紙條的盒子到餐桌上，原來是要讓我們抽獎。每個人會抽到不同的福神圖，森本婆婆想要以此作為對各位遍路者的祝福。我抽到一張有很多福神同聚一船的「寶舟圖」，或許此行將有一船的神佛來照顧我，真是安心。

當知道我們是從台灣來的時候，其他住客們都親切地幫我們加油，之後他們又繼續討論

著關於第十二號燒山寺的事。燒山寺是遍路的第一個難所，有長達十三公里的山路，也是我心裡一直不曉得該如何是好的一段路，我平常真的很怕走山路。

吃完晚餐後，我開始考慮接下來的行程和住宿點，本來是想隔天走到第十號之後，再多走八公里多，住鴨島站附近（約二十八公里），後天一大早先到十一號，接著就爬上燒山寺，住燒山寺宿坊（約十四公里，其中十三公里是山路）。

原本是這樣打算的，但在要打電話前，我去餐廳倒水喝，遇到了那位住客婆婆。和她聊了天之後才曉得她已七十九歲了，一個人從神戶來，已經走過十幾回遍路，她的氣色紅潤，講話時還流露出一點少女的神態。

她告訴我們一些重要的訊息，她說往燒山寺途中會經過的柳水庵現在已經不提供住宿，而燒山寺的宿坊有時會休息，後天剛好就是公休日，如果那天要上燒山寺，就得訂再多走三公里的民宿才行。

這真是一個重要的訊息，讓我重新考慮接下來的安排。老實說這天走完之後，我對於加快行程趕路一點信心都沒有，所以我想還是把步調放慢一點，隔天走到第十號（約十九公里），後天只要走到第十一號就好（約十公里），然後大後天再上燒山寺。

而我馬上就會知道，把行程放慢是個很好的決定。

隔天早上吃早餐時，坐在我旁邊的歐吉桑留了他家的地址和電話給我們，看了他的紙條，才曉得他是來自宇和島的佐野先生。

他說，當我們走到宇和島時，遍路的行程大概完成了百分之六十，如果有需要，打電話給他太太，她可以接待我們住他家。

收到這樣的邀請非常感謝，心裡的不安也因為這些親切而舒緩許多。

接待，遍路道上的美好傳統

這天也是個好天氣，離開森本屋，我們繼續跟著箭頭指示往第六號的方向走，此時正好是小學生上學的時間，路上的孩子們會主動和我們問好。

在遍路道上，相互問好是一種禮儀，遍路者在路上相逢時，必定會互相打招呼。而四國當地的居民，也常會主動和迎面而來的遍路者打招呼。漸漸地，我們也習慣如此。走在路上時，逢人就會先送上問候。

第六號安樂寺自古就以溫泉勝地聞名，據說有治療萬病的神效，寺裡的溫泉宿坊在遍路圈很受歡迎。第七號十樂寺的山門建築還保留了濃厚的中國風，這裡的本尊供奉阿彌陀如來，而該寺即以阿彌陀如來所在的極樂淨土中所享有的快樂而得名。

參拜完十樂寺的本堂和大師堂，一轉身就看到一旁的空地邊擺了幾張桌子，有幾位老爺爺和老奶奶們準備了很多東西要「接待」遍路者。桌子上擺滿了瓶裝飲料、餅乾、巧克力、巡拜用的香燭，其中一位爺爺拚命拿桌上的東西塞給我們。

對四國當地人來說，「接待」是遍路道上的美好傳統。遍路者被認為是在進行承擔了人類共業的苦修，而對於這樣的人布施自然也是功德，當地的居民常會對遍路者布施食物飲料，或贈送金錢，也有民家會接待遍路者免費住宿。

後來的一路上，我們常常得到四國人的照顧，這種親切的互動是一種美好的力量，也成為了我們遍路生活裡的甜美回憶。

往第八號熊谷寺的路有些坡道，走起來很累人，但是到了熊谷寺後，一切的疲勞都暫丟在一旁，因為被櫻花包圍的熊谷寺實在太漂亮了。

八十八靈場雖然大多在空海大師時代就已開基，但經過朝代轉移，時間遞嬗，許多寺院早已多次重新翻修。熊谷寺雖曾遭祝融波及，但整修後仍保有古典的風采，兼容和式與唐式複合的建築，厚重的原木架構，更加彰顯佛寺的莊嚴。

我們在熊谷寺也遇到當地老人會的接待，給我們一人兩包面紙和兩顆大橘子。

寺的旁邊有個墓園，墓園內櫻花盛開，我們經過的時候正好有一大群老人在那裡鋪席賞櫻，非常熱鬧。仔細一想，這種組合還蠻妙的，一群老人坐在墓園裡賞櫻，如果陰陽時空的界限可以打開，想必此刻會是場更盛大的聚會活動。

水泡人生展開

往第九號法輪寺的路上，我的腳已經開始痛了，只能慢慢地走，無法加快腳步，所幸這段路不用爬坡，一會兒就到了。

剛到寺門口時，有位先生迎面走來，送給我們一人兩張明信片，他說那是他親手畫的。

這位先生名叫雅龍，用黑色鋼筆素描了八十八座靈場，並做成明信片當紀念品販售，在許多參拜用品店都買得到。他那時正提著他的小皮箱在寺前寫生。

我們那天很開心地接下他的小禮物，之後在路上看到關於他的剪報，才曉得他是遍路界的名人。雅龍因為母親生病，於是離職回故鄉，踏上四國巡禮的旅程，他採用的方式是為每一所寺寫生，一所接一所，一圈又一圈，不斷地巡迴下去。

我們在法輪寺休息時，有一些搭遊覽車的遍路者和我們閒聊。當我們說到這次打算走完全程時，就得到許多「了不起」的驚呼，但其實每次聽到這類稱讚，我們都會很不好意思。我只是彎腳地走著路，能挺進到多遠還不敢說，甚至認為說出要走到八十八號這種大話，還真是狂妄。

遍路新生如我們，才第一次上路；而在這條路上，早已有人一圈又一圈地環繞。如果佛家說的輪迴真有此事，那麼就好像有人已在這凡世累積了不少經驗值，而我們是才剛來投胎的新人類，偶然相逢。

在同一條路上，那些經驗者看到的風景又是什麼呢？

雅龍的工作椅，旁邊還擺放著他之前的作品。

雅龍大概就是這樣一位前輩，尤其他是靠寫生來認識這一座座的靈場，用他的眼睛撫摸過寺院的每一處脈絡，用畫筆確認了每一處的存在，這種從眼到手間的流動力，是否已在心裡撞擊出一條深刻的路，使其靈魂暢通，阻塞不再。

快到第十號切幡寺時遇到一個叉路，路口有一家巡拜用品店。由於去參拜完第十號還得再折回來，於是便請店家讓我們暫時把行李放在店門口的椅子上。此時不用背著行李走路，覺得肩膀特別輕快，但也因為肩膀的痛苦消除了，才更加意識到雙腳的不適，我左腳上某些地方持續疼痛著，猜想可能已經長出水泡了。

切幡寺位在山坡上，遠處即可望見寺裡的二重塔。據傳當年空海大師行經此地，遇見一位父母雙亡的貧窮織女，織女以織布布施給大師，而大師為其灌頂，使之得度，因此得名為得度山切幡寺。

晚上在旅館的房間裡檢查我的腳，果然長水泡了，而且一次三顆，還好M的大行李有不少藥可以用。我突然覺得好險前一天沒有選擇要趕路，不然我這會兒的狀況可能更糟。

如何才是「自己的步調」？

隔天一早，我們悠閒地出門，走路時，我和M很少持續地聊天，只偶而交換一下現況，大部分是自己安靜地走著。

這時候腦子裡會有各種即興的事物跑出來，在路上看到什麼，聞到什麼味道，總會和過去的回憶連接，然後這個回憶又會串連到另一個，一個半天好像會想到好多事，但它們也會很快就溜走。

表面上看起來有點無聊，只是一直走路，但其實是人生中難得一段與自己非常親密獨處的時間，我和我自己之間，沒有書、沒有電視、沒有電腦、沒有別人、沒有工作的打擾，頂多只是耳機裡傳來的音樂，我看著一路上的景物，也看著我心裡被勾起的各種想法。唷，原來我是由這些念頭所組成的人啊！

儘管我們老是拖拖拉拉，可是一直走路的結果，里程數還是會提升，剛開始我們一小時只能走三公里多，現在大約可走四公里多了。還不到正中午，我們就到了第十一號藤井寺。

傳說空海大師四十二歲時，曾在此地修行，並種植了五色藤，現今寺內的仁王門旁藤棚茂盛，據說初夏開花時，花的香氣與盛開的姿態更是怡人。而藤井寺的旁邊，就是通往第十二號燒山寺的登山口。

參拜完之後，我們走到附近的旅館吉野，直接詢問當天是否有空房可住。遍路民宿較之一般民宿，更有彈性，除了可事先預訂，若是遍路者當天直接登門接洽住宿，只要有空房，民宿主人多半會接受。而且附近的民宿彼此熟識，如果這家客滿，也可麻煩他們建議或代為詢問鄰近的住宿。

旅館吉野的老闆娘親切地收留了我們，放下行李後，我們步行到一公里遠的鴨島站逛逛。我們在當地吃了午餐，再去超市買了一些食物和藥品，過了一個悠閒的下午。

這天雖然里程不多，但是我腳上的水泡持續地痛著。回旅館的路，我只能慢慢跛著走，而明天要爬的那座山就在眼前。望著那座山，我思考起「自己的步調」這個問題。

雖然在出發前已經看了很多資料上都提醒著遍路者「要依循著自己的步調走」，也不斷如此告訴自己。但在腳很痛的此刻，我才再度意識到「自己的步調」是什麼意思。

那不是要縱容自己偷懶，也不是要不停督促自己達到預期的速度，而是一種站在身心這邊，然後帶領著自己一同往前的平衡狀態，一種共同的意識。

而之前的我，還是會在意一些無關緊要的小事，以至於無法身心一致，腦子老是想著要快一點，但身體沒辦法配合，那麼我的意念是不是可以更往我身體這邊站過來些呢？

想到這裡，突然對於明天的山路和之後一千多公里的路程釋懷了一些，我決定要和我自己一起走，走到我們都覺得足夠了就好。

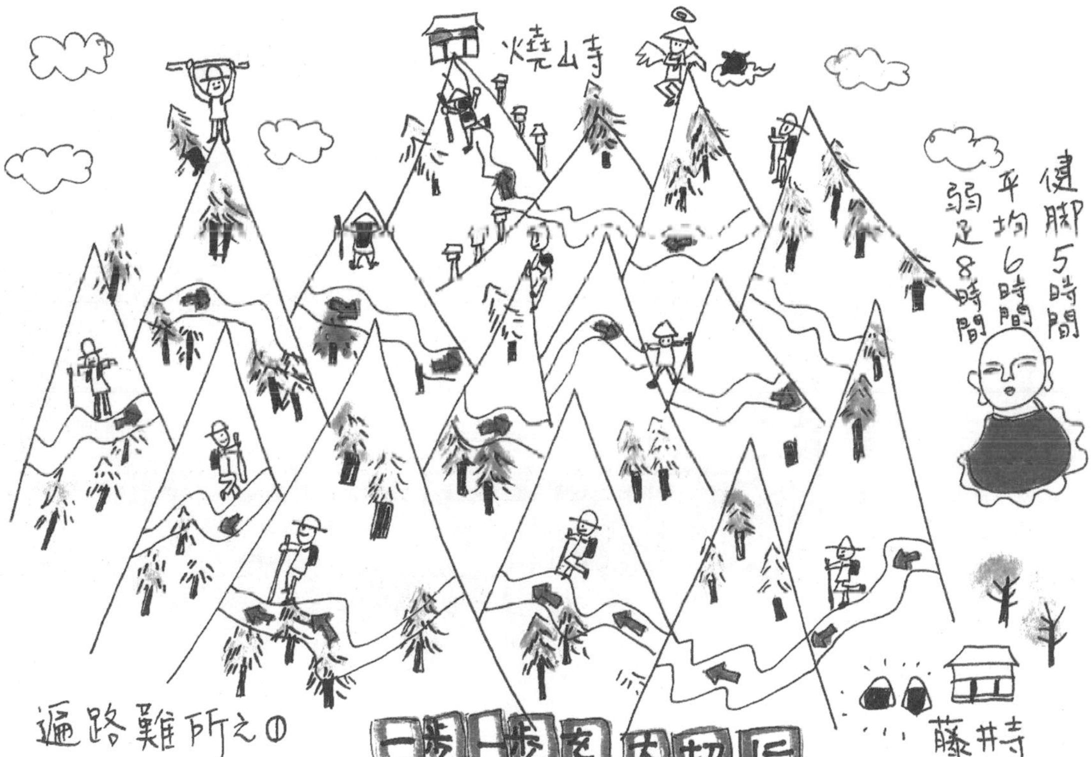
燒山寺
健脚5時間
平均6時間
弱足8時間
遍路難所之①
一歩一歩を大切に
藤井寺

5 來到熊谷寺，我們接受了這華麗的櫻花雨洗禮。　/**6** 往第十一番的路上，經過吉野川流域，農人忙著整理田地，路旁也開滿了油菜花，是春天正美的時刻。　/**7** 第二號極樂寺裡有一棵一千兩百餘年的「長命杉」，據說為空海大師親手栽種。

1 板東站是小站，車次不是很多；除了火車，也可在德島火車站前搭大麻線的巴士，在「靈山寺前」下車，一天約十個班次。 ／**2** 之後我們又和這位七十九歲的神戶婆婆住在同一家旅館，她這次要跳過燒山寺，山路太難走，她怕會吃不消。不知若我到了這個年紀時，是否會像她一樣自在、健康。 ／**3** 在十樂寺內，附近的老人會準備了滿桌的點心、遍路用品，接待來訪的遍路者。 ／**4** 遍路道多穿梭在市郊小鎮，四國鄉間的恬靜風情一覽無遺。

同行二人，大師在我身後！

上燒山寺的日子終於來了。在江口洋介的那部遍路日劇裡，特別拍到了上燒山寺的這段山路，因此在我了解有遍路這回事時，就已經知道燒山寺要爬山了。而且它一直像根刺一樣，鯁在我的遍路計畫裡，只要一想到就有點不安。

在遍路道上，所有位在山上或較難到達的寺院會被稱為「難所」，而位在德島的難所就有三座，一是第十二號燒山寺，二是第二十號鶴林寺，三是第二十一號太龍寺。

燒山寺通常是遍路的第三或第四天遇到的行程，它位在標高八百公尺的山上，是一個很早就得面對的考驗。

不過，遍路道的難所通常也會不只有一條路，通往一座寺的路有時會有兩、三條可以選擇，有山路捷徑，也有水泥鋪裝良好的車道可走。

燒山寺的問題在於如果選擇要走車道，那距離可能是山道的二倍以上；而且燒山寺的山路遍路道被稱為是空海大師曾走過、且保存最完整的古道。於是，好像沒有什麼好選的，雖然是個鯁在心裡的刺，還是要慢慢消滅它。

一早起床是個好天氣，吃完早餐，旅館吉野的老闆娘已幫我們準備了中午的飯糰便當。

我吸了一大口氣，來到燒山寺的登山口，石階旁有著一尊尊來自八十八所寺廟的小石佛，這些小石佛像在列著隊幫遍路者加油。

腳的狀況還是不好，不過長了水泡的腳在走山路時，反而比較沒有那麼痛，倒是膝蓋有些不舒服了。M的腳程挺快，她先上前走了，我在後慢慢跟上，一路上還是會遇到其他遍路者，在路上遇到時大家會互相打招呼，彼此說聲「辛苦了」。

德島的遍路道上偶而會有像電話亭的小箱子，裡面會放接下來的區段地圖供步行遍路者自行取用，這種地圖很有用處，它除了會用較大的版面將路徑畫出來，遇有山路難所的圖示還會另外標出山路高低差的切片圖，讓遍路者可以確實掌握道路資訊。

先前我們拿到了燒山寺遍路道的地圖，因此對於哪一段路要上坡、哪一段路要下坡，算是做好了心理建設。我想心理建設是很重要的事，因為這樣身體也會跟著一起做準備，配好夠用的體力。

從藤井寺出發到下一個休息點長戶庵，大約是三點二公里，這段路都是陡升的山階，雖然走起來很不舒服，但只要撐過了剛暖身的急喘，慢慢也就習慣了。

不過，走到這時我發現膝蓋真的不舒服了，只好再調整一下護膝，慢慢往前走。在遍路的前期，我的腳一直鬧脾氣，水泡和膝蓋的問題不斷；而M的腳倒還好，反而是肩膀疼痛的問題讓她很困擾。

柳水庵是爬燒山寺途中一個較大的休息點，M比我早到，我們在那裡吃午餐。此處的櫻花開得很美，雖然地處山坳，無法眺望遠景，但是自成一格幽靜。

吃完午飯，又準備上路了，先是從柳水庵到一本杉兩公里多的上坡道，然後是約四公里的急下坡道再接上坡道。最後的那一段上坡道是在樹林間迂迂迴迴，感覺好像沒有終點似的，路彎了又彎，以為要到了，卻又只是下一個彎道口而已。

遍路配備為什麼會有金剛杖的原因，除了可以當拐杖輔助前進外，金剛杖也代表著空海大師，讓遍路者在路上不會孤單，因而在遍路道上，隨處可見「同行二人」的標語，即遍路者和大師二人同行。

在山路的遍路道上，路標會懸掛或綁在樹枝上，有些路標會直接寫著「遍路道」或「往XX寺」，有些則會寫著「**南無大師遍照金剛**」或是「**同行二人**」，也有的會寫著「加油」、「人生即遍路」等不同的字句。這些牌子是要讓遍路者知道，雖然走山路很辛苦，但我們正走在正確的路上，只要依著自己的步調繼續向前，就會到達目標。

南無大師遍照金剛：此為空海大師的御寶號。南無為梵語，有歸依、寄託之意，遍照金剛則是當年唐朝惠果大師賜予空海的灌頂名。　/ **同行二人**：意即空海大師會一路跟隨守護每位遍路者之意。

不過在走這段山路時，我老是覺得有人走在我後頭，不時還會聽到後方傳來清脆的鈴鐺聲，以及沉重的錫杖杵地的聲音，但每當我轉頭一看，整條山路沒個人影，我只好幻想著：「莫非真是同行二人，大師也陪我爬山了呢？」

在離開旅館吉野後的七個小時多一點，我終於走到燒山寺，M大概比我早個半小時到，她已在寺門口等我；一般來說，如果腳程快的人，只要五個半小時到六小時間就可以抵達。到達了的那一刻，我非常開心，因為心裡的刺總算是消滅了。

去寺裡參拜完，便到宿坊報到，這裡的宿坊是和式人通鋪，僅用紙門隔出房間，彼此的聲息互通，住隔壁的大叔們閒聊打屁的聲音，完全聽得一清二楚。

遍路小屋

隔天一早，從燒山寺離開，先是一段山路下坡道，我們跟著指標走，來到一個標示著某某峠的小路標，看起來又是條山路。雖然只有六百公尺的上坡道，我卻走得老大不情願，經過昨天的山路洗禮，我的膝蓋快要廢了。

過了坡道，就在山上的產業道路裡轉來轉去，這段路的風景很好，有山有水，有橋有花，視野開闊；但或許就是太開闊了，陽光的照射也很直接，且路上雖然有民家，卻沒有什麼停留點，沒有吃東西的地方，連販賣機都不好找，只能一直走，大概在下午一點多，我們才經過一家有營業的食堂，趕快進去吃點東西。

在離第十三號大日寺還有兩公里的路旁，有一座很漂亮的遍路小屋。裡面除了有桌椅之外，還有熱水、咖啡粉、茶包、紙杯、糖果，一旁的冰箱裡還放了十幾顆冰橘子和幾瓶冰水，供遍路者自行取用。這裡實在是個舒服的地方，我們休息了一會兒，在留言本上留了感謝的話才離開。

在遍路道上，偶而會有專門讓遍路者休息的小屋或涼亭，徒步地圖大多有標示出來。有設備相當良好、還附空調的精緻小房子，也有簡陋的小亭子，有些會擺放附近居民接待的各種飲食，也會擺放留言本，讓遍路者可以留言致謝或分享心情；而這些地方，通常在夜間也會有野宿遍路者就地鋪睡袋過夜。

這些遍路小屋大多是附近民家集合接待，或是民間的遍路組織搭建。對於遍路者來說，這些休息點的存在都很必要，既是理解，也是安慰。它們像是在和遍路者說著：「一路走來辛苦了。」也說著：「快進來坐坐，休息一下吧！」

每當來到遍路小屋休息時，我總會想像著如果人生路上，也有這種東西就好了，讓我們總有機會被理解、被安慰。

大日寺的位置就在大馬路邊。遍路道上共有三座大日寺，這是第二座，但這裡供奉的本尊卻不是大日如來。

傳說大師當年在此地森林修行時，天空突然紫雲滿布，大日如來現身，因而得名；而到了明治年間，因神佛分離令的政策，使得這裡的堂塔荒廢，後來附近一宮神社的十一面觀音像移入本堂，成為寺內供奉的本尊。

參拜完大日寺後，已預訂的名西旅館就在旁邊。旅館的老闆對於他有電梯設備、早餐附咖啡、料理很華麗、洗衣免費等服務顯然非常得意，儘管我們已確定要入住這裡，他仍不時會和我們宣傳幾句：「明天早上有咖啡喲！」「衣服洗了嗎？洗衣機現在空著喲！別擔心，是免費的。」「上樓嗎？電梯來了，我先幫忙按著，快請進吧。」

他通知用餐的方式不是用電話或和客人先約好時間，而是廣播，對，就是國小教室裡的那種擴音廣播，第一次在房間裡聽到廣播時，我們有點傻住，因為那聲音語氣同時透露出自滿與親切，怎麼這麼可愛啊！這家旅館的老闆真是個幽默感很獨特的人。

再見德島車站

在名西旅館享受完那杯讓老闆自滿不已的熱咖啡後，我們便往德島火車站的方向走，依序參拜第十四號到第十七號的寺院。這幾間寺院彼此距離不遠，且在巷道和馬路間穿梭來去，只要留意好路標，算是很好走。

第十四號常樂寺是八十八所中唯一本尊是供奉未來佛彌勒菩薩的寺院，而寺裡也有奇特的流水岩庭。第十五號是國分寺。西元七四一年，聖武天皇勅令全國建立六十八座國分寺，於是四國四個縣各有一座，而第十五號就是德島的國分寺。

第十六號觀音寺是一座位在巷弄內較狹小的寺院，它是八十八座靈場裡唯一沒有賣御守的地方，這讓一路上持續在收集御守的M在這裡產生了小小的遺憾。

我們在第十七號井戸寺第一次遇到來自福岡的中村小姐，後來也成為了我們遍路道上的朋友。

井戶寺的傳說和金泉寺類似，也是大師巡錫至此，見當地居民飽受缺水之苦，便用他的錫杖為當地居民掘井，而大師掘的那口井位在寺境內的日限大師堂中。

參拜完井戶寺，我們便到附沂的餐廳吃午餐。這天是星期日，餐廳裡有許多家庭或三五朋友來用餐，看著這些衣著光鮮的城市人，我才察覺到我們兩個混在其中的格格不入，好像處在不同世界的人。

他們就像以前生活在都市裡的我，可以很隨意、輕鬆地來吃飯，要去哪裡，要做什麼都自在隨興；但現在的我們則得一步一步地走到這裡，且吃下去的每一口飯都很重要，都是補充體力的營養。生活的步調好像比以往更加純粹，行走、飲食、休息，每一個環節都必要到無法隨意看待。

這天我們訂了德島車站前的商務旅館，感覺已經很久沒有回到都市了，想要享受一下有自己浴室的好日子。也或許是要回到我們出發時的地方，在往德島車站的路上，我思考著這些天來我是否有所成長？

之前來德島車站觀光時，就看到許多遍路者在這附近走來走去，原本以為大家才正要上路，沒想到車站附近就是遍路道，那時看到的一些遍路者或許已經歷了幾天的修練了。

那麼現在，同樣經歷了幾天修練的我，和幾天前從這裡出發的我有沒有什麼不同呢？把腦裡的資料庫翻開來看，好像每天都只是在想著路要怎麼走、腳很痛、好想休息、肚子餓了、渴了……這一類膚淺的生活瑣事。

可此時的我並沒有為自己的提問找個體面的答案，我承認目前所產生的每一個想法都是必需，儘管它們是不值得一提的小事。

第一次每天靠走路過日子，如果身體的煩惱都沒有那是騙人的，而且我也無法樂觀地告訴自己這些問題明天就會改善。原本我對於走遍路會帶來靈感上的精進是抱持著期待的，不過現在看來好像沒有什麼值得一提的亮點；但步行至此，當我面對這股自我質疑時，唯一能想到的答案，就是覺得要和自己站在一起才是，就算走到最後一天我還是每天只擔心路怎麼走、抱怨身體痛，那也只好這樣。

思索至此，身心的對話才暫時達到了平衡，雖然腳很痛，但旅館也總算到了。再度回到德島車站，我就是現在這個樣子。

澳洲嬉皮大衛

雖然前一晚早早休息，但早上起床時，全身疼痛，好像快要解體，頭也非常痛，心情被身體的抗議搞得很沮喪。

可能是經前焦慮症發作了，才會無法開朗。就算每天只要走路就好的單純人生，自己是女生的事實也不會有任何變化，該來的還是會來。

這天要前往位在小松島市的第十八號恩山寺，往小松島市需走國道55，而看著路牌顯示國道55同時是通往高知縣的道路，這表示我們得和這條路好好相處一陣子。

恩山寺的全名為母養山恩山寺，是以空海大師對其母親盡達孝思而得名。傳說這座寺是由**行基菩薩**開基，空海大師在此地修行時，他的母親玉依御前到此地探望他，但當時的寺院禁止女人進入。空海大師因而修持密法，解除寺裡的女性禁制，並親身前往迎接其母。母親於是在此寺剃髮出家，其落髮則被奉納於寺中。

我們在寺裡遇見了一位名叫大衛的澳洲人，當我們參拜完在那兒的椅子上休息時，他拿了他的相機過來給我們看，相機裡正秀著M之前在遍路小屋的留言本上畫的插畫，大衛問說這是我們畫的嗎？我們於是聊了一會兒。

行基菩薩：668-749，奈良時代高僧。他建立「以民為貴」的思想，巡遊諸國，鋪橋造路，教化民眾，為佛教普及民間，及社會福利機構的設置奠立了基礎，世人稱行基菩薩。

他一副嬉皮的打扮，完全不會講日文，年紀大概有五十多了。之前曾在泰國生活一段時間，聽朋友說有遍路這件事之後，想來走走看，打算先走到第三十號後再視情況而定。

他是個野宿派，背包裡有小帳篷和睡袋，有時也會找免費供住宿的的接待所來住，之後我們偶而會在路上遇到他，他老是想和我們分享在各地免費住宿的心得。也常拿他的英文地圖來和我們討論行程，但是日文讀音一改成英文拼音，我們無法馬上會意過來，問路的事通常幫不上他的忙。

第十九號立江寺與附近的商店街比鄰而居，使得寺內外的氣氛融和。它最初是為了祈求聖武天皇的皇后能安產而開基立寺，而這裡同時也是古代阿波地區的「關所寺」，罪人需

來此參拜懺悔。在寺內有一座黑髮堂，裡面展示著江戶時代一位與情夫謀殺丈夫的女人之毛髮，毛髮從頭皮上剝下來的痕跡依稀可見。

離開立江寺後，我們往郊區的縣道直行，不時看到開往德島車站的公車迎面而來，這卻讓我感到不安，眼前的路越來越荒涼，城市又要離我遠去。再加上一路來累積的疲勞，及隔天又要爬山的恐懼，我的信心也就跟著大大降低。

總算在快到六點前，抵達位在鶴林寺登山口的民宿金子屋。而晚上看氣象報告說明天要下雨，這讓我對於明天的山路又更加焦慮了。

第一個雨天，菩薩現身了

早上一起床，拉開窗簾一看，外頭果然下著大雨，加上自己的膝蓋和腳還是很痛，真不曉得今天的進度該如何完成。吃完早餐，金子屋的婆婆送我們一人一個小福袋，幫我們加油。

我們先幫背包套上防水套，再穿上雨衣，看著天色嘆著氣，但還是得出門。

從金子屋到第二十號鶴林寺有兩條路可走，一條是山路，另一條是車道，車道比山道長個幾公里而已，因為腳的狀況不大好，於是我和M討論著待會兒考慮要走車道。

正當快走到山路與車道的分叉路口時，一位歐吉桑迎面走來並叫住了我們。他問我們是不是從台灣來的，雖然不曉得他是怎麼知道的，我們還是回答了他。他先是問我們今天要住的地方訂好了沒有，我說已經訂好了民宿山茶花。他接著表示如果我們不介意，他可以幫我們把行李先送到山茶花。

雖然我們每天都在幻想如果有人可以幫我們把行李運到下一站就好了，但真的有人自己跳出來說要這麼做時，我們反而嚇了一跳。歐吉桑看到我們遲疑的表情，馬上遞上名片，原來他名叫野崎，開了一家電機事務所，專做空調設備的工程，工廠就在這附近。

他又接著說，今天雨很大，背著行李很難走，這附近他很熟，這一帶的寺和民宿裡的人都認識他，請我們放心地把行李交給他。接著他打開他的車門，指著車裡的兩包行李，說是另外兩個女生的背包，我們看了一下，那好像是之前在恩山寺遇到的兩位阿姨的行李。

雖然心裡還是覺得要提高警覺，但這是我們遇到的第一個雨天，如果可以不要背行李爬山，那真是求之不得啊！我想了一下，就決定麻煩野崎先生了。

野崎先生先帶我們到一旁有屋簷的地方，要我們先把今天路上要吃要用的，還有貴重物品從行李拿出來，他此時又拿出一張這一帶的區域地圖，告訴我們該怎麼走比較好。

待我們把行李整理好，他就把它們拎上車，並說行李送到後，會打電話給鶴林寺的納經所，而我們在路上如果遇到任何問題，可打名片上的行動電話聯繫他，接著才目送我們離開。

因為野崎先生的幫忙，我們頓時輕鬆不少，於是決定挑戰山路。雨下得很穩，絲毫沒有要停的樣子，M依然走在前頭，我在後一階一階地爬著，我乖乖地穿上護膝，希望膝蓋也能挺住。以前從來不曉得自己的膝蓋不好，於是此刻我連想後悔沒好好保養，都不曉得該從哪後悔起。

到了鶴林寺時，納經所的阿姨一看到我們，就問我們是不是從台灣來的，她說野崎先生剛打電話來，行李已經送到山茶花了。接著她又說有野崎先生幫忙真是太好了，外頭的雨真大！

小時候，我常在家裡翻看爸爸訂的宗教雜誌，裡面偶而會寫些觀音菩薩幻化成不同角色去解救遭遇困難的人，或是渡化有緣人的故事，那時我一直想不透菩薩變身是怎麼一回事；直到今天，當我看到野崎先生時，我才恍然大悟。主動發現別人可能要承受的痛苦，然後以一種不打擾別人意志且讓人安心的情況下提供協助，不就是菩薩所做的事？

在遍路道上，我們也常會因為當地人的接待而感動萬分，他們經常及時出現解救了我們的渴和餓，迷路和疲勞，他們的一點點付出，對我們來說，就像菩薩一樣。

鶴林寺地處標高五百一十六公尺的山上，傳說大師當年在此山林修行時，在森林中看到發光的物體，一旁有白鶴守護著這道光，而光的本體原來是一尊黃金地藏菩薩像，這就成為寺名以及供奉本尊的傳說由來。

而從鶴林寺往第二十一號太龍寺的路上，先是一段陡急下坡路，之後會有一段比較好走的平路，又接一大段急上坡道。一路上雨都很大，我們勉強在途中經過的小神社外頭吃了金子屋幫我們準備的飯糰便當。

下午一點多，我們到達太龍寺。太龍寺供奉的本尊是虛空藏菩薩，空海大師十八歲自大學休學後，十九歲之際，曾在離寺不遠的大瀧岳（舍心嶽）苦修《虛空藏求聞持法》。這一路走來，我雖然曉得遍路道是一條與空海大師有關的路，但一直沒有仔細去想像當年大師的生活實境；而當我翻山越嶺來到這裡，看到青年大師苦修的道場時，才驚愕地領悟其中的意味。

同樣是大學生的年紀，我根本是過著隨波逐流的日子；而他早已立定志向，在山林間苦修，當年的荒山野嶺，根本連路都沒有，但他隨著心的引導，無阻穿越艱難，尋找自己嚮往的角落安頓，靜心苦煉，這種意志力與定力是怎麼辦到的？我和他一樣都是人，為什麼他有這種意志，而我卻連自己想做什麼事都不知道，還自以為順利？

太龍寺標高六百一十八公尺，四周有很多古老的杉樹，納經所的天花板上的巨龍畫逼真活現，寺裡懸掛的宮燈和高野山的奧之院很像，而這裡也有「西方高野山」（西の高野山）之稱。

在太龍寺參拜完之後，我們就搭纜車下山，太龍寺沒有直接上山的車道，一般開車的人得開車到纜車站，再搭纜車上山。

當看到鶴林寺山門時，一種莊嚴神祕感油然而生。

下了纜車，就接上了平路。快六點時，我們終於抵達民宿山茶花，山茶花就在第二十二號平等寺的旁邊。它只有一層樓，也經營食堂，我們得先穿過餐廳才到住宿的房間，但當老闆娘拉開房門時，我們卻傻眼了。首先，當然看到行李已經乖乖地坐在地上，但、但這個房間也未免太大了點，我想它的正確用途，應該是個容納二十人以上的宴會廳吧！

老闆娘除了給我們這個超大的房間外，還在房間裡鋪了一些油布和報紙，上頭還擺了一個活動掛衣架，好讓我們方便晾曬淋了一天雨的衣帽，之後又幫我們烘鞋子，並招呼洗完澡的我們去洗衣服，這裡的洗衣機和烘衣機都是老闆娘免費接待的。

雖然第一次遇到雨天，但一整天裡都有菩薩庇佑的感覺，大家都把我們照顧得好好的，我們只管專心把路走完。懷著這份幸福，在山茶花大房間的這一晚睡得很好。

海龜來了，美麗的日和佐

隔天起床，太陽出來了，天空像是換了新的布景，藍得很乾淨，我們吃完早餐，就去第二十二號平等寺參拜。

關於平等寺的傳說是這樣的，相傳大師在此地修行時，天空出現了五色雲彩，雲彩中浮現了金色的梵字，而梵字乃藥師如來的姿態變化而來，於是大師在此地開基立寺，供奉藥師如來。之後大師又在此地掘鑿出乳白色的靈泉，救渡萬人。

或許是前一天得到了菩薩的照顧與充足的休息，精神好很多，昨天的大雨像是一場洗禮，把我們從頭到腳、從身到心地洗了一遍。

從第二十二號往第二十三號，先是一段產業道路，然後接上國道55，之後可選擇繼續走國道55，或是轉接縣道25。縣道25雖然比較遠，但沿海岸行走的風景比較美。

我們當然是選擇比較近的國道55，不過這段路景色很單調，而且經常得穿越隧道，有些隧道會有專屬的人行步道，走起路來比較安全；有的就什麼也沒有，通過時只好自己小心。

第二十三號藥王寺的所在地日和佐，現已與由岐町合併為美波町。從藥王寺可遠眺太平洋的海景，也可以看到對面山頭的日和佐城，是個視野絕佳的寺院。藥王寺也是著名的厄除靈場，加上交通方便，就在日和佐車站附近，每年都有上百萬人到此參訪。

從寺裡往海邊望去，會看到一座小島極像海龜正往陸地游過來，因此海龜就成為當地的吉祥物。

我們和一位之前常遇到的歐吉桑一起坐在藥王寺園內的椅子上休息看海，聊了一會兒天，才曉得他是從北海道來的，他也被腳痛的問題給困擾著，走路時已一跛一跛的。

當我在準備走遍路時，曾有和同輩的日本友人聊過這個旅行計畫，沒想到得到的反應大都認為我很奇怪，因為他們多半覺得這是老年人的活動，好像退休之後沒事做，才會想去走遍路。

而我們一路上遇到的遍路者，其實哪一種年齡層都有，有老到皺紋滿臉、白鬍蒼蒼的老先生，也有跟著爸爸走著的小學生，但真要計算，果然是以屆退休之齡的歐吉桑為最多。

這些歐吉桑有的本來就是四國出生的當地人，也有來自九州、關西、東京等地，而這位從北海道來的歐吉桑是最遠的，不過和其他夾雜著濃厚地方口音的歐吉桑們比起來，這位北海道大叔講的話，反而好懂。

這晚我們住在位於火車站旁的商務旅館。吃完晚餐，訂了未來三天的住宿後，就準備睡覺了。我們即將離開德島，來到高知，進入修行的道場。

吉
野 川
油菜花田 加

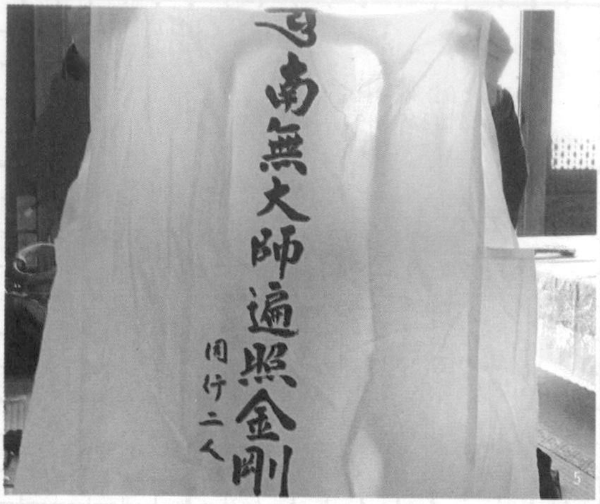

6 澳洲人大衛經常走在我們前頭，接下來的旅程，會不時遇見他。　／**7** 遍路道上沿路都會有類似的路牌或紅色小人，提醒著我們走對路了。　／**8** 就是在這個分叉路口附近，野崎菩薩出現，解救了我們的雨天危機。　／**9** 一般在市郊行走，不時會有販賣機可補充水分，但山道上就什麼都沒有，步行者遍路者仍需攜帶水壺。

1 在藥王寺內，可以看到海龜回來了的身影。　／**2** 我們一路上都看到名西旅館的廣告牌，後來果然被洗腦地預訂了。廣告牌上說的一切都是真的唷！　／**3** 這座遍路小屋除了提供飲料、點心外，牆上和資料架也準備了地圖與剪報，讓遍路者能瀏覽或取用。　／**4** 抵達燒山寺的瞬間，我十分開心，也對接下來要走的路途有了些許的信心。　／**5** 這件白衣是遍路者的基本配備之一，穿上它，感覺到空海大師會一直陪伴著你走路，很安心。

Chapter 3

修行的道場——高知

修行意味著什麼？
是漫長、是忍耐、是壓抑、是強烈日曬、是大雨、
是飢渴、是荒蕪、是皮磨破了又再破、是問天不應叫地不靈、
是麻木、是心裡的垃圾大爆炸⋯⋯
但在這不舒服的交錯攻擊之後，一種堅定油然而生。

只要走一趟高知，
享受過那漫長的海岸國道，必定會懂。

途中的遍路者怎會退怯，
這可是一場堅信禮！

24 最御崎寺
25 津照寺
26 金剛頂寺
27 神峰寺
28 大日寺
29 國分寺
30 善樂寺
31 竹林寺
32 禪師峰寺
33 雪蹊寺
34 種間寺
35 清瀧寺
36 青龍寺
37 岩本寺
38 金剛福寺
39 延光寺

高知

國道55的考驗

原本幾天前當我膝蓋狂痛時，打算走到藥王寺後休息一天，但由於從第二十三號到第二十四號的路程約七十五公里，實在很遠；加上很怕休息之後，身體馬上就拿翹，這樣又得花時間重新恢復腳程，鐵定更累，我們便決定不管怎樣多少還是走一點。

從第二十三號藥王寺到第二十四號最御崎寺，是我們第一個長距離的挑戰，不過路程雖遠，卻很好走，只要沿著國道55直行，非常簡單。我自然地不時走到出神，只要維持著讓自己不停下來就可以了。

我開始想著如果現在不在這裡走路，那我會做什麼，大概會在工作裡忙得焦頭爛額，還有加著怎麼也加不完的班；而平常待在家裡時，也只是無聊地上上網、看看書或電視而已，所以硬要比，來這裡忍受日曬雨淋的遍路人生，也沒有糟糕到哪裡去。

我們穿越了縣界，來到高知縣，徒步完成了一縣的遍路道，雖然走得全身痛，還是感到一絲滿足。

高知被稱為修行的道場是很容易理解的，高知縣很大，海岸線又長，但是遍路的靈場卻是四個縣裡最少的，僅有十六所，因此，寺和寺之間往往距離很遠，有些得走個兩、三天才會到，有時走著走著，還會忘記自己是為何而來。

老實說，在從二十三號到二十四號的這段海岸線上走路，一直是我心中所想像的遍路，那時看江口洋介主演的那部日劇時，便拍了他們在這段海岸走路的樣子，大家邊走邊討論著他們的人生困境，偶而會遇到好心人請他們吃香蕉，看起來很有趣。

於是，我有點以為理想的遍路就該是這樣：道路平坦向前延伸，迎著海風思考人生，靈光便由此乍現。

而我現在終於走到我理想的路段了，覺得如何呢？……

風景確實很美，不過，思考的事情其實也沒有什麼特別的，平凡如常啊！已經在這條路上走了兩天，離下一個靈場還遠得很，原來這條貌似好走、風景美好的國道，考驗的是耐心和體力。

原來我們是遍路公主

離開藥王寺的第三天，我們繼續沿著國道55直行，計畫要走三十四公里到室戶岬，對當時的我們來說，算是段遙遠的路程。

一日之計真的在於晨，早上走遍路既走得快，心情也好，春天的早上，只要沒下雨，氣溫非常舒適，最初的十公里走得很順暢。

不過時間越接近中午，就越感到疲勞，也逐漸對一直走不完的路感到不耐煩，走這段路有點像在走台灣東北角的濱海公路，路上的車很多，尤其有不少大卡車呼嘯而過，而路又沿著海岸線一彎接一彎，看不到盡頭。雖然有時回頭往後一望，發現我們原來已走了那麼遠了，應該會很有成就感，但只要一往前看，路仍是一彎又一彎地在等著我們，彷彿沒有終點，我對於走在理想遍路道上的浪漫幻想也就跟著破滅了。

「高知是修行的道場」這句話不時在我耳邊打轉，只要一有不耐煩的心情，馬上就會和自己說：「這就是修行！這就是修行！」雖然本來也沒有立志要修行的，但這句話聽起來還是有種安慰的力量，好像只要我堅持下去，就能得到一點所謂的厲害。

到了下午三點多，已剩最後的幾公里，但我們早就啟動了意志力的最高級，偶而在路邊看到椅子或階梯，就想停下來坐一會兒，但又不敢坐太久，深怕坐穩之後就再也走不動了。

一直到快五點我們才抵達預訂的明星飯店。這家飯店位在青年大師像的正對面，算是室戶岬這一帶比較高級的住宿地點。

這幾天來，我們深刻感受到自己不耐操，只要稍微吃點苦，就會想要過點好日子來補償自己，老是想要有自己的浴室，老是想要可以睡在床上，說白了就是非常嬌滴滴的遍路者，於是彼此便開起了我們是「遍路公主」的玩笑：雖然來走遍路，但也想過好日子。而這也成為我們後來考慮住宿時的準則：就是如果可以，盡量預訂房間裡就有衛浴、有床、有椅子的西式飯店或商務旅館。

後來有朋友問我，為什麼老是想要睡床上，睡和式榻榻米不是更寬敞舒服嗎？依平常的生理狀態，和式房確實很好。但是在遍路途中，每天一抵達旅館後，經常是腰痠腳痛，且身體就自動設定為放鬆的休息模式，此時若在和式房裡坐穩了，想要起身去拿個東西或上洗手間，就得手腳並用地把整個身體給撐起來，那種舉步維艱的狀態真是痛苦極了；也因此我們很習慣把要用的行李都鋪在隨手能拿到的地方，或是在房裡匍匐行動，就是要減少起身的次數。

但如果是有床有椅子的西式房，只要直接站起來就行了，輕鬆很多。同理，西式的馬桶也比和式的便所好多了。

明星飯店的房間全部面海，落地窗外就是海岸，視野良好。除了房間是和式的榻榻米之外，沒有什麼好挑剔的。

洗澡時我發現我的左腳掌長了一顆有十圓硬幣大的水泡，難怪下午過後腳底非常痛，不過，等洗完澡全身放鬆後，腳只會痛得更厲害而已。拖著痛腳到樓下的餐廳吃飯，雖然晚餐豐盛華麗，但因為身體太累又太痛的關係，對於美味的食物也無心稱讚了，只是很機械式的把食物往肚子裡塞進去，恍恍惚惚地吃完這頓飯。

土佐果然是修行的道場，而這還只是開始而已。

從日出走到日落

早上起床，是個大好的天氣，從房間的落地窗望出去，太陽剛升起來的光線映照在海面上，金黃滿滿。

離開飯店後，先經過「御廚人窟」，這是空海大師年輕時苦修的洞窟，大師也曾在此苦修《求聞持法》。在江口洋介的日劇裡，特別介紹了這個地方，原本以為是寬闊的山洞，但親身來訪時，才發現是個狹小陰暗的小窟，而且還很潮溼，洞壁上不時會滲出水滴。

一想到一千兩百多年前的空海大師，曾在這樣昏暗溼冷的地方修法，感動的心油然而生，

空海大師年輕時曾在這個洞窟裡苦修，從裡頭望出去，
大海與藍天使人心情平靜。

他原本擁有世俗上的大好前程，卻願意放下名利，在這仿若世界邊緣的地方追求自身的精進，背後支持著他的力量是什麼呢？他曾恐懼黑暗嗎？他曾萌生退意嗎？

從洞窟裡向外望去，可看到天空和大海，據說空海的這個法名也是由此而來。天空和大海或許沒有什麼改變，我們正和千年前的大師看著同一個景象，此時，我深深地感謝這條遍路道的存在，讓我們見識了宇宙間曾經存在的堅強意志。

再往前走，就會來到第二十四號最御崎寺的登山口，最御崎寺位在室戶岬的小山頭上，海拔約一百六十五公尺，要抵達寺院，可走東岸七百多公尺的山坡步道，另外西岸也有一點四公里的車道。

最御崎寺是空海大師從唐返日之後，嵯峨天皇敕願開創的道場。因為大師年輕時曾在此地苦修，這裡供奉的本尊也就是虛空藏菩薩（求聞持法的本尊）。從山坡道往寺走時，也會經過大師在此一夜修建的岩屋。

離開最御崎寺之後，走西岸的車道下來，這樣是比較順路的，車道的視野開闊，可看到室戶岬的西岸，也就是我們接下來的旅程，看起來依然一彎又一彎，永無止境。

還好腳上的水泡此時處於配合的狀態，雖然還是意識得到它的存在，但是只要走了一會兒習慣之後，疼痛便少了些，還是能走得下去。

我覺得人的身體很奇妙，有時候我們一天只走十幾公里，有時候一天得走三十幾公里，而身體總會只準備好大概八成的體力，也就是說，不管那天我們要走多少，最後的三到五公里老是會感到無比漫長，正常的力氣好像都用完了，只好啟動意志力。

而只要一使用意志力，就會變成走路機器人，表情呆滯，幽默感喪失，對以往有興趣的事變得一點感覺都沒有，唯一的目標就是趕快走到。

第二十五號津照寺就在漁港邊，捕鮪魚的遠洋港室津就在附近，所以這座寺以祈求海上安全聞名。這種地理位置很有台灣媽祖廟的氣氛，我們到達時也遇到一車車的遍路旅行團，整個寺顯得熱鬧又有人氣。

在津照寺附近吃完午餐，接著往二十六號金剛頂寺前進，金剛頂寺也有關於大師的傳說。相傳大師在這一帶修行時，曾受到天狗的擾亂，大師於是把天狗封印在足摺峽。為了監視天狗，金剛頂寺的大師堂便面向足摺峽而建。

快到金剛頂寺的路得爬一點坡，有車道可以走，不是很困難。但從金剛頂寺下山的遍路道，起初還沒什麼問題，但是走了一段緩坡之後，就接著一大段陡坡，背著行李走這段路，精神得非常集中才行，深怕一個不小心，就會連人帶行李地滾下山去。

好不容易下了山，回到了平面道路上，已經是下午兩點半多，卻還有十七公里，我們這會兒才意識到不妙，也許是早上出發的時間不夠早，還是一路上太拖拖拉拉，總而言之，現在得專心點走路了，依照我們目前的腳程看來，可能也要晚上七、八點才到得了。

此時迎面走來一位阿姨，塞給我們一人兩顆枇杷。枇杷和日本柚子是高知的名產，在田園間經常會看到種植這兩種水果的果園。以往我對枇杷的印象不深，不討厭也不特別喜歡，但既然得到阿姨的接待，我就馬上把它吃了。一嚐它的味道，才曉得枇杷原來這麼好吃，香甜又多汁，後來我又在附近的「良心市」裡買了一袋來解饞。

四國的公路旁，常會有一座座的小木亭，裡面會擺放農家種植的各種蔬菜和水果在販售，有時候也會有豆腐、昆布或是麵條，這種亭子沒有人看顧，要買的人只要把錢投在旁邊的小錢箱就好了，他們稱這種無人攤販為「良心市」。

我和M常在討論要是這種東西放在台灣會是什麼情況，總覺得不太有信心。另外，像遍路民宿的房間大多沒有鎖，但大家都能放心地離開房間去洗澡、吃飯，這樣的信任氣氛反而讓我們以為自己的警覺是緊張過度。

雖然我們已經意識到不趕路不行，而且已經加快腳步了，但是途中經過的美景還是讓人忍不住多看幾眼，像是吉良川町就讓人很喜愛，這裡被特意保存的老街，建築古典雅緻。

走著走著，太陽快要下山了，璀燦的夕陽之後，夜幕降臨，我們也到了意志力壓軸的最後時刻。天黑時，就算走在寬大的國道上，但路燈並沒有想像得亮，通常得靠車燈的光線來看清楚腳下的路。

直到快七點半，我們才抵達預訂的奈半利飯店，看到飯店的建築物時，就像在海上漂流的船看到燈塔一樣，說不出的安心。

回想起來，這一天是從日出走到日落，踏了平路也爬了山路，上了山也靠了海，走訪了三座寺院，平心而論，算是很充實的一天。只是，下次還是要把時間給控制好，別再天黑時走遍路了。

登山口的守護者

坐在奈半利飯店的床上，我看著地圖研究著接下來要走的路，並考慮著隔天要住哪裡好，我們將來到高知縣唯一的難所——第二十七號神峰寺。對於走山路這件事，我一定心存恭敬，不敢說大話，也不敢預設太遠的距離，且氣象報告可能會下雨，更是不能大意。

而從地圖上看來，要上神峰寺的路只有一條，山路大概是三點五公里，然後要原路折返回登山口，才會轉到往下一站的路，於是我便打算訂下登山口附近的住宿。但位在登山口的民宿有三家，三家的位置似乎都差不多，我反而猶豫起要訂哪裡好。

遍路道的徒步地圖是本好用的手冊，雖然一本要兩千多日幣，但是地圖上對於哪裡有住宿點、休息站、公共廁所、餐廳、便利商店和超市、火車站都會標明清楚，而附錄裡還有記載所有住宿點的地址和電話，這些資訊雖然難保百分之百正確，但對步行遍路者來說已是很方便的導航工具。

不過這本地圖上僅是客觀地標出住宿點的名稱而已，從中完全看不出來價錢、設施內容、使用者評價等訊息，所以我通常靠距離來判斷，或是以「遍路公主」總是想要有自己的浴室、睡在床上的規格，來預訂看起來可能是西式的飯店。

97 96

而現在這三家的距離不分軒輊，只好靠名字來決定了，一家直接打出民宿ＸＸＸ的名號，肯定是和式，不選；另一家感覺就是個和式小旅館，那也不用特別考慮；最後一家取了一個用片假名寫的英文名，叫 Drive Inn 27（ドライブイン27），哇，聽起來就很洋派，那就訂這家吧！

打了電話去，響了很久才接起來，接電話的人是一位老太太，同一句話我常得重覆幾次，她才聽清楚，而且預訂完成後，老太太還和我確認了幾遍，這通電話才結束。

隔天上路後，果然下起雨來。還好雨下得不是太久，快到登山口時，已經是連不用撐傘都可以的小雨了，我們打算先繞到今天住宿的地方，把行李借放在那裡，然後再上山。

但當我們走到 Drive Inn 27 的門前時，才曉得這裡和我想像的完全不一樣，我本來以為它會是間小巧的商務旅館，或都是附有大停車場的兩層樓小飯店，結果，確實是有很大的停車場，但是它看起來只是一間很昏暗又古老的餐廳，我納悶著這裡真的能住嗎？

進去之後，有兩位老太太坐在餐廳的椅子上聊天，其中一位看見我們便走過來招呼，她就是昨天接電話的那位老婆婆，她讓我們把行李放在旁邊的榻榻米上，又端了茶和餅乾來。接著她和我們說明上山的路要怎麼走，並告訴我們來回所需時間，然後又回去和她的朋友聊天了。

老婆婆看來嚴肅中帶親切，不是那種一見面就很熱情的人。店內除了餐廳桌椅之外，還有許多商品櫃，擺放著各種遍路用品，還有一些當地名產，不過屋內雖然開著一、兩盞日光燈，卻很昏暗。這裡好像也讓非住宿客寄放背包，除了我們的之外，旁邊還有別人的行李。

離開 Drive Inn 27 之後，我們就要往山路前進，仔細看了一下地圖，神峰寺雖然是座難所，但它的山路都是水泥鋪裝良好的車道，只不過坡度很陡，大型車無法上山，一般的遍路旅行團也得在山下換較小的巴士或計程車，才能開上山。

有水泥路可走，已經謝天謝地了，要陡就給它陡吧！在山上的產業道路彎來彎去，約在中午時抵達神峰寺。

神峰寺的位置標高四百公尺，這座寺是由行基菩薩開基，大師來訪此地後，將之定為靈場。納經所前有著名的「神峰水」湧出，水質甘美。

納經所的阿姨確認我們是走路來的之後，便給了我們一人一張明信片。

下山的路上迎面遇到一些正要上山的遍路者，有的人會問我們還有多遠，看來這條路雖然算是好走，但是這坡度還是很折騰人；我們下坡時也常停不住腳，只能跟著坡道往下衝，但一靜下來，小腿是會打顫的。

回到旅館後，老婆婆便說要帶我們去住的地方，原來這一棟建物果然沒地方住，我又在幻想會不會有洋式小飯店的可能。老婆婆要我們拿好行李，開小貨車載我們過去。

結果我們來到的地方，就是一般的和式民宅，我對於 Drive Inn 27 的猜測和幻想完全錯誤。浴廁都只有一間，位在一樓，而老婆婆安排我們住二樓。帶我們去房間之後，她問我們有沒有什麼不吃的東西，我說M不敢吃生魚片。遍路民宿的料理多會有生魚片，M常為此困擾。這會兒貼心的老婆婆先問了我們，M也能安心地享受晚餐了。

到了晚餐時間，我們走回餐廳，餐廳依然如白天時的昏暗。飯來了，M的主菜是炸蝦和炸雞塊，我的則是一般的鰹魚沙拉和炸物，除了好吃之外，食物裡好像還奇妙地藏了安心和溫暖的成分，除了補充營養和熱量，也讓心裡的力量充實了起來。我邊吃邊看著店內老舊的陳設，提不出哪一點是值得稱讚的，但是在這裡坐著、吃著這裡的食物，卻打從心裡感到舒服。

這家店不是只有老婆婆一個人，廚房裡還有一位幫手，但招呼客人的工作，還是老婆婆在負責。在吃飯時老婆婆來和我們聊天，問我們這次從哪裡開始、又要走到哪裡，當她知道我們要走完全程時，她的表情顯得有點捨不得，要我們小心保重，然後就離開了。過了一會兒，她又過來塞給我們一人一個小袋子，裡面裝滿了店裡賣的各種點心和糖果。

非常謝謝老婆婆對我們體貼的對待。我想這家店應該開很久了，每天照顧著去神峰寺的遍路者，並給予協助；遍路道上的許多民宿食堂都是一樣，一直在守護著遍路者，雖然遍路者必須付費才能得到服務，但就算這樣，我也不覺得一切是理所當然的，他們持續地存在，持續地付出關心，持續地讓每一位遍路者感到安心、放心休息，這便是一件了不起的事。

吃完飯，我們走回房間，我看著在神峰寺拿到的那一張明信片，照片是神峰寺的一景，但一翻面則夾著一張小紙條，紙條上面有一段話：「親愛的遍路者，一路上辛苦了。這張明信片是我親手做的，偶而也給自己的故鄉、家人寫封信或明信片如何？現在手機和電子郵件雖然很方便，但是寄上一張明信片，我想是很美好的紀念。也祝福各位平安結願。合掌祈福。靈場公認先達 高松市 村上敏樹 敬上」。

所謂的先達，是已經很有經驗的遍路者。細讀完這位先達贈送給大家的明信片，也感覺到這是一種無比的體貼，對於計畫一次走完的遍路者來說，能步行到這裡大概是十天左右的事了，旅程的新鮮感不再，取而代之是各種身心的疲勞；而這張明信片提醒了我們，不如靜下來寫點東西寄送給親愛的家人朋友，讓文字封存住遍路道上的心情結晶，作為美好的回憶和紀念。而我當晚便把這張明信片寄給了爸媽。

Drive Inn 27 雖非如我想像洋派，而且上廁所還得吃力地上下樓梯，但卻是我這次旅行中，非常難忘的一個地方。

隔天吃完早餐時，老婆婆目送我們離開，她從門口一直走到窗邊，不捨地看著我們並不停地揮著手的神情，那時我終於明白為什麼在《來去鄉下住一晚》的節目裡，雖然只有一晚的相遇，但分開時還是會想哭的那種心情了。

最漫長的一日

離開 Drive Inn 27 的那個早上，是個大雨天，從那裡走到下一座寺院，大概還有三十四公里，於是我們決定這天要住在大概再走個三十一公里的高知黑潮飯店。沒錯，就是遍路公主最喜歡的「飯店」。

雨下的既大又穩，我們依舊沿著國道55向前進，雨大的時候，就算很想加快腳步，也快不起來。明明自覺已走了很久，但當我們在途中的大山休息站稍事休息時，把地圖拿出來一看，才發現只走了三公里，又看看外面下的大雨，真讓人洩氣。

我們在大山休息站遇到兩位歐吉桑和一位年輕人，前一天我們從神峰寺下山時，他們正要上山。此時年輕人正脫了鞋襪在包紮他腳上的水泡，歐吉桑們則在一旁邊抽菸邊喝咖啡聊天，其中一位歐吉桑前來和我們攀談。

這兩位歐吉桑和那名青年經常走在一起，所以我們稱他們這個組合為「二老一少」。一路上我們經常為遍路者們亂取外號，比如說中村小姐個子小小的，只有二十三歲，很像我們的朋友文婷，而中村比文婷還要嬌小，我們就叫她小文婷；而有一對從下關來的夫婦，他們的裝備和打扮全都是名牌，看起來很時髦的樣子，我們就叫他們時髦夫婦。這些外號他們本人當然不會曉得，僅供我與M兩人閒聊時作為識別使用。

離開大山休息站之後，我們繼續向前行，接著抵達安藝市。安藝算是這一帶較具規模的市鎮，而這裡的郵局也提供旅行支票兌換的服務，於是我們打算在此換些現金。

之前在估算旅行的費用時，上網查了一些日本的網頁，有些前輩建議一天可以一萬圓來估算（當然如果考慮野宿，就不需要這麼多了），這一萬圓包含了住宿費、飲食費、去寺院參拜的納經費，還有其他雜支，而這樣算下來，我們也得準備四、五十萬的日幣。因為覺得老是帶著這麼一大疊現金在身上不太安全，也不想要用ＡＴＭ提款被扣手續費，加上遍路道上大多的民宿旅館不接受刷卡；於是在換日幣時，便把部分的旅費換成日幣旅支。

不過，日本並不是每一家金融機構都可兌匯旅支，得在較大的分行才有此項服務，出發前我先查詢了在四國可兌換旅支的郵局，再和遍路地圖稍做比對，以便在不需繞路的情況下，順利地換到錢。

經過安藝郵局的這一天，剛好在郵局的營業時間內，而且安藝郵局就在遍路道上，所以雖然是個下著大雨全身溼答答、只想趕路的日子，還是決定在途中去換錢了。

拿到了錢，再整理了行李，穿好雨衣，繼續往前走，吃午飯時翻看著地圖，才曉得我們走了一早上，加上耗在安藝郵局的時間，只進行了十公里多一點。此刻已十二點多了，還有二十多公里要走。當認清這個現實，再看看窗外的雨，感受一下穿著已經溼透的鞋襪的雙腳時，心裡真是沮喪極了。

午餐後，迎著大雨繼續走，一路上我一直祈禱天氣能趕快放晴，而且一度想放棄高知黑潮飯店，改訂其他比較近的住處。

到了藝西村時，雨停了，我們在一座戶外公園稍作休息，此時我脫下來的襪子，都擰擠出大量水來。

不過，再走了一會兒，太陽卻來突襲，烏雲們馬上退場，天空藍得搶眼，溫度也因為太陽熱情出場，迅速直飆。雖然剛剛在路上一直希望放晴，但現在果真變成了晴天之後，我反而更不開心，對於這說換就換的天氣，和陡升的溫度，總覺得像是一場惡作劇。「你不是很想放晴嗎？那就來放吧。」我們似乎被大氣賭了一大口氣。

在這種雨後天晴的烈陽下行走，感覺快要中暑了，經過每一家便利商店，都想進去休息一下，貪圖吹一口冷氣也好的清涼。後來連加油站也不放過，途中看到有一家加油站門口擺了張長椅，馬上就飛奔過去，坐一下下也好。

原本在一個下午趕完二十公里就算是個長距離了，加上從雨到晴的轉移，像是經歷了兩個不同的世界，腦內的時間感因而變得錯亂，於是下午趕路的這幾個小時，自行在腦中膨脹了起來，好像走了好久好久，但飯店你到底在哪裡啊？

國道55在赤岡町轉了個彎後，前方出現了一棟高大的建築物，我心裡希望如果那一棟大房子是我們今晚要住的飯店該多好，雖然現在距離看起來有點遠，但是可以看著目標物前進的感覺還不錯。

我把那座建物假想成今晚的飯店，然後不斷地看著它向前走，我還記得此時ＭＰ３裡的音樂都是些熱鬧且節奏感很強的舞曲，聽著這樣的音樂，身體是會隨著律動而輕快一些。

等到還剩幾百公尺時，我終於確定那座建物就是我們今天要住的飯店了。雖然我早已經把意志力調到最高級，腳也像是和人家借來的一樣，麻木且不屬於我，但只要再努力一下、再努力一下就到了。

大雨、大太陽、三十公里以上的路程、溼透的鞋襪、把高知黑潮飯店當燈塔般靠近時的最後一口力氣，這一幕幕對我來說很難忘。

後來如果要問我哪一天讓我最辛苦，我總會毫不猶豫地說是這一天，這天是我印象中最漫長的一日。土佐是修行的道場，這句話說得一點也沒錯。

陌生阿姨大請客

從高知黑潮飯店離開後，我們即往第二十八號大日寺前進。它是遍路道上第三座大日寺，

黑潮ホテル
OPEN
Help!
Help!
Help!
Help!

位在一座小山坡上，寺內氣氛安寧舒適，可遠眺高知龍馬機場。寺裡供奉的本尊大日如來像是重要文化財，高四尺八寸，是日本的中國和四國地區最高的佛坐像。

從第二十八號往第二十九號的路，大多是田中央的小徑，但路上還是有標示清楚的路標，讓我們在田間穿梭時，不用擔心失去方向感。我想有這樣一條捷徑，要感謝附近的農家，他們肯把自己的田地分讓出來，整理成好走的道路，也是一種體貼的接待。

在快到二十九號的路上，我們看到一家很時尚的咖啡店，店內有一半在賣衣服、飾品等可愛的東西，另一半則是餐廳，此時已是午餐時間，我們便進了這家店。

這是一家都會女生會喜歡的店，滿溢著咖啡香，冰櫃裡還擺滿了看起來很好吃的蛋糕，客人九成都是女生，各種年齡層都有。大家看起來都很乾淨漂亮，雖然明知灰頭土臉的我們看起來有點突兀，但此時很想來這種地方放鬆一下。

菜單上的食物看起來都很好吃，難得能重溫都會生活，我們完全不在意價錢，單點了主餐、沙拉和咖啡。

當我們點好了餐，在翻閱著雜誌等上菜時，有位也是客人的阿姨來和我們聊天，她和我們說她幾年前也走過遍路，於是想來幫我們加油。接著她就說這頓飯就讓她請吧！我和她道謝，但不需要請我們；她則反問我：「為什麼？」被她這麼一問，我一時也不曉得要如何用日文回答，正當我還在想要怎麼回話時，她已直接請服務員連我們這張單一併結掉了。之前聽說有人會以金錢接待遍路者，但我們一直沒遇過，現在這位阿姨算是用錢接待了我們，託她的福，那一頓飯非常好吃。

第二十九號國分寺離午餐的咖啡店不遠。國分寺當年是國家建立的名剎，早年的塔、礎石仍受到保存，金堂的建物和本尊藥師如來像都屬國家重要文化財。境內的庭園還種了許多牡丹、夏椿、桔梗，我們到訪的時候，牡丹開得很大，花上還被撐著傘。

從二十九號離開，一路往西走七公里，就來到第三十號善樂寺。善樂寺很像是附近社區的小公園，旁邊的土佐神社看起來還比較氣派。

原來在明治時代，因神佛分離令之故，善樂寺曾遭廢寺，寺裡的本尊先暫放在國分寺。明治九年，曾由附近的安樂寺暫代第三十號，等善樂寺復興之後，第三十號是安樂還是善樂寺一直無定論；直到平成六年，安樂寺成為善樂寺的奧院，第三十號才確認回歸善樂寺。

離開三十號之後的這段路，是離高知市區最近的地方，但我們沒有打算進高知市區，只選了一家比較順路的飯店投宿。今天雖然不用走到三十公里，但也很快就累了。

4 四國的鄉間道路上，常有這種小木架，上面放著待售的各種農產品，當地人稱此為「良心市」。 /**5** Drive Inn 27 的大廳一直都是這麼昏暗，但在這裡用餐、休息，卻覺得非常安心溫暖。 /**6** 室戶阿南海岸公園，可見佇立的夫婦岩。

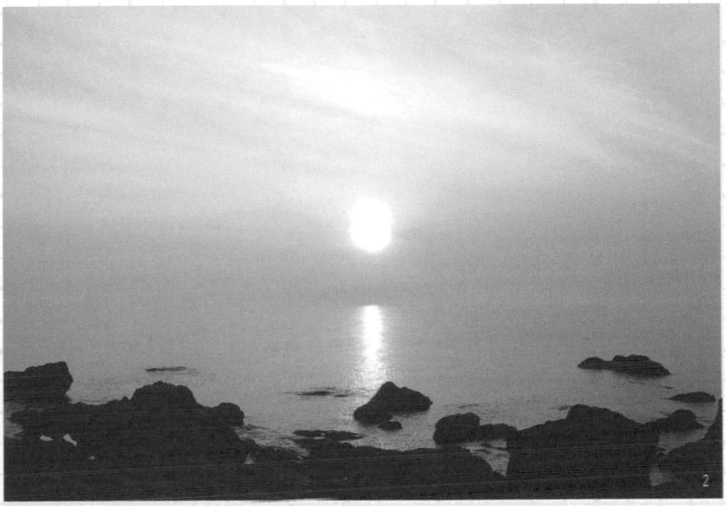

1 在明星飯店的對面，有一尊青年的空海大師像，紀念大師當年曾在附近的「御廚人窟」苦修。　/**2** 本來還在懊惱沒抓緊時間，悶著頭趕路，卻因此有緣一見國道 55 海邊的落日美景。　/**3** 在這樣的海邊國道走路，一直是我對遍路抱有的浪漫幻想，但真的走上去才發現，好曬、好累、好渴，靈光完全沒有乍現。

歡迎光臨，牧野植物園

之前來四國旅行時就曾去過牧野植物園和在它旁邊的第三十一號竹林寺，它們都位在五台山上。牧野植物園是紀念日本植物學家牧野富太郎而設立的植物園區，園區約六公頃，種植了三千多種植物，是個繽紛多彩的植物天堂。

而這次當我們沿遍路道小徑爬上山時，才曉得原來竹林寺旁的牧野植物園也是遍路道的一部分，需從植物園穿越，才會到竹林寺。不過一般的觀光客入園是要買七百圓的門票。可以免費享受這種鳥語花香，或許也是牧野先生對遍路者的接待。

竹林寺是由行基菩薩開基。當時聖武天皇作了一夢，夢到他去中國五台山參拜文殊菩薩，醒來之後，便命行基菩薩去巡訪一座如五台山的地方，立寺供奉文殊菩薩。空海大師之後巡錫至此，將此地定為靈場。這座寺受到日後土佐各代藩主的供養，成為學僧、名僧聚集的學問寺院，也成為土佐文化的中心，寺內的寶物館收藏了許多國家重要文化財。

第三十二號禪師峰寺也在山坡上，從寺裡可以眺望附近的土佐灣，海風很強，就算在山上，也能聞到海浪的潮香。寺裡供奉的本尊十一面觀世音菩薩，被稱為「船魂觀音」，這裡也是祈求海上安全的名寺。

從三十二號到三十三號的路上，有一小段路可選擇用走的，或是搭免費的渡船，我們正好趕上渡船的時間，於是便搭了船。在步行遍路地圖上，有標示渡船的時刻表。

第三十三號雪蹊寺的位置很親切，就在馬路邊，它也很像社區公園，有很多小學生在那裡玩耍。這座寺是在延曆年間由空海大師開立，原名高福寺。現在它已成為臨濟宗妙心寺所屬，寺名也改為現在的雪蹊寺，而原本的寺名則成為山號，全稱高福山雪蹊寺。

令人困擾的路標

往三十四號種間寺的路程，一切怪異了起來，我指的怪異是那些路標。當我們走到一個路口時，路標告訴我們向左為步行道，向右為車道，於是我們依著步行道的指示走，不過一路走過去，完全看不出為什麼這條路車子不能走，而且明明路標僅標了兩公里，但走起來的感覺卻比兩公里要遠。

種間寺名稱的由來，乃是大師從唐歸國後，為了促進農業發展興旺，將帶回來的米、麥、粟、黍、豆種植在此地，並將此定為祈求穀物豐收的寺院。也因為大師的誓願，寺的周邊水田興旺，而現今寺境內也有販賣當地生鮮蔬果的市集。

由於剛剛走得心浮氣躁，在寺裡參拜完，我們還好好休息了一會，吃了一個冰淇淋才上路。我們看到寺門口就掛著往第三十五號的大路標，於是沒想很多地就跟著指示走，不過，我們很快地就迷路了，地圖對不上，也找不到遍路小人的路標。

原來寺門口的那個大路標是給開車的人看的，步行者的遍路指標應該是往另一條走才對。發現迷路之後，我們也不想折回原處，攔了一位騎車的爺爺問了路。

之前路上遇到有經驗的遍路者曾提醒我們，如果要問路，請儘量問年紀比較大的人，在地的長輩比較理解遍路是什麼，也比較曉得遍路道該怎麼走；若是問年輕人的話，很多人可能不知道寺的位置，或者會指車道給你走，常會繞到遠路去了。這種說法雖然不見得百分之百準確，但據我們的經驗也是如此，年長者往往比年輕人知道遍路的路徑。

老爺爺告訴我們方向之後，我們依著他說的路走，又對照地圖看，才又接回遍路道，不過還真的繞了一大圈。現在我們懂了，我們必須認清自己是人，而不是車子，所以路牌不要亂看，雖然有點晚了，但今天算是學到了這件事。

隔天早上，要前往三十五號清瀧寺，就地圖看來，往第三十五號清瀧寺和往第三十六號青龍寺的路會在土佐市區交錯，因此土佐市區這裡的標示若沒仔細看，是很容易搞錯的。

可能也因為市區裡的標示容易產生誤會，當地路人看到一臉疑惑的我們，也很常自己主動來和我們指路。

清瀧寺是由行基菩薩開基，大師來此巡錫時，以錫杖探出此地有清泉湧出，故得此名。已有好多座寺廟有這類的傳說，顯然庶名生活、信仰和水源之間，常是彼此相關的。

從清瀧寺往下一號青龍寺的路，一樣得先返回土佐市區，且得靠問路才接上地圖指示的縣道39。

之後我們來到一個叫塚地峠的地方，「峠」這個字指的是山徑的上山路和下山路交會的地方，我每次看到地圖上出現這個字，就感到很不妙，心想免不了又是一段山路，但因為實在太熱，走公路很曬，所以我日願跳過公路，選走峠道。

越過這座小山頭，又接了一段半路，我們便踏上宇佐大橋，午後的陽光很耀眼，走在橋上感受著海風迎面吹來，我突然覺得自己現在可以走在這條路上，真的很幸福。

我不曉得除了海天一色的開闊之外，還有什麼事會讓我有這樣的感觸，這兩天明明老是被路標搞得暈頭轉向，又被太陽曬得快焦了。但轉念一想，如果感到幸福，那就先好好享受一下這樣的時候吧，誰會曉得下一刻會發生什麼事呢？

下了橋，跟著遍路指標彎了又彎，青龍寺終於出現了。

青龍寺也有關於空海大師的傳說。據說，空海大師從唐回國時，將三種密教法器拋出去，意欲尋找建立道場之地。於是五鈷杵落在京都的東寺，三鈷杵落在高野山，獨鈷杵則落在這座青龍寺。而這座寺供奉的本尊，則是傳說在大師入唐時，保護大師乘坐的船不受暴風雨侵襲的波切不動明王。

每當我聽到這類傳說時，總感到不可思議，就人類來說，怎麼會有這麼驚人的臂力？還是在那個拋擲的瞬間，有許多宇宙間的力量在幫忙，或是風的使力、或是眾神的接駁，才讓這個奇蹟發生？

參拜完青龍寺，我們沿著寺後的山路走，來到位在山頭上的國民宿舍土佐。為了去寺裡參拜而爬山是經常的事，但是為了去住宿的飯店而爬山倒還是第一次。這條山路雖然只有幾百公尺，但非常陡，有一段幾乎得要手腳並用才爬得上去，這對背著行李的我們來說算是場毫無預期的震撼教育。

吃晚餐時，又遇到了中村小姐、二老一少，大家原來都住在這兒，彼此熱絡地打了招呼，我們在這條路上也有朋友了。

背後的領隊

隔天早上，是個一如氣象預報所說的大雨天，之前在高知黑潮飯店那一天經歷過的痛苦回憶，已讓我們對雨天遍路感到很害怕，而這天的雨勢更是有過之而無不及。再加上看著地圖上要走的路，顯然得先經過約二十公里沒有休息站、沒有商店、也沒有公共廁所的荒涼產業道路，這讓我們更擔心，在大雨中走路已經很吃力，但如果要連走五、六個小時都無法休息的話，真不曉得該怎麼辦。

吃完早餐，整理好行李，到樓下的大廳準備退房，櫃台的工作人員是一位中年大叔，他看到我們是遍路者的打扮，就問我們是不是要往第三十七號的方向走，接著他又說，現在雨那麼大，如果我們不介意的話，要不要考慮搭船。

「搭船？」我有點不曉得這指的是什麼。

於是他拿出地圖解釋給我們聽，從三十六號往三十七號其實有兩條路可以走，一條就是我們原本要走的，從縣道47接上縣道23再到須崎市接國道56；但也可以折回昨天走過的宇佐大橋，直接連到縣道23，但如果走這條路的話，在途中的宇佐搭船到浦之內，可足足省下十公里的路程。

「你們如果搭船，下船之後就可以繼續接上遍路道，」櫃台大叔試著用地圖和我們說明路線，我也拿出自己的地圖和他的比對一下，此時我比較了解這些地理位置了，也曉得了下了船之後要往哪裡走。

「船是十點五分開的，一個人的船票是六百二十圓，大概九點半左右，飯店這裡會開車送你們去渡船口，今天也已經有八位遍路者要坐船去了喲！」大叔又繼續說明。

「雖然現在得等一下，但現在外頭雨很大，很不好走，不過依照今天的天氣預報，等你們搭船到那裡的時候，雨可能就快停了。」

我們點頭說要一起搭船，大叔於是把我們的名額也算上。一會兒，要坐船的遍路者們都在大廳裡聚集，中村小姐、二老一少、還有之前在路上遇過的一位青年、一位和尚和兩位阿伯，大伙兒在大廳裡閒聊起來。

我和中村小姐邊看地圖邊討論這幾天要走的路，二老中較瘦的馬場先生過來加入我們，二老和中村小姐一樣來自福岡，他們也是第一次走遍路，但是這次只打算走到第四十號。馬場先生之前和別的先達們討論過路線，雖然是第一次走，但對於地圖上的路線看起來很有經驗。

經由他的指點，讓我恍然大悟，我一直以為從三十八號到三十九號必須走龍串繞宿毛才行，但其實從三十八號通往三十九號的路有很多條，我本來以為的那條是最遠的；如果改走市野瀨接三原，至少能少走二十幾公里，而且路況是平坦的公路。這個訊息對我們來說實在太重要了，讓我們省下快要一天的行程。

雖然我們有步行地圖可參考，但每個人在使用地圖時，都會有自己的盲點，何況沒有去過的地方，常常無法先周全地考慮到怎麼走可以更好。此時如果能和其他的遍路者交流討論，或是和民宿老闆們詢問，常會有豁然開朗的效果。

馬場先生還提醒我，日本五月初的黃金週就要來了，可以的話就儘量早點預訂住宿。

九點半時，剛剛那位櫃台大叔就來召集我們上一台小巴，由他開車載我們到宇佐渡船口，到了渡船口後，我們便直接登上一艘小客船。開船的駕駛員在九點五十五分上船，和我們逐一收了船費之後，就準備開船了。

船在海灣內行走，沒有什麼浪，還算平穩。船行的時間有點久，久到讓我都打起瞌睡來了，等我醒來時，看見窗外居然如飯店大叔說的一樣，原本的滂沱大雨停了。

快十一點時，我們抵達了浦之內，渡船口旁就有兩家便利商店，我們買了便當作為午餐，收好雨衣，重新上路。

午餐時，我拿出地圖來研究 下，先把早上馬場先生教我們走的路都做了標記，之後又想了一下今天的行程。原本我為今天訂了位在大善寺附近的商務旅館，但因為有船的幫忙而省了些路程，且自忖目前的體力還可以，便想多走幾公里好分擔明天的里程數。

再遠一點有個叫久禮的小鎮，那裡有兩家旅館，打通的第一家那天剛好沒有營業；再試打第二家福屋旅館，老闆娘說如果只有比較小的房間可以嗎？我說沒關係。接著取消了商務旅館的預約，下午就再多走點路吧。

我們在須崎市接上了國道56，這條路連接了高知縣的高知市和愛媛縣松山市，也就是說，我們也要和它相依為命一陣子。

我們抵達福屋旅館時，來招呼的老闆娘長得非常漂亮，就像在電視上的那種美麗女將，結果她給了我們一間很大的房間，只不過那間房間的地理位置很奇怪。它像是主屋旁的偏房，一推開和式門就是房間，且正對著鄰居的大門，和式門完全沒有鎖，也就是說這條巷子裡任何經過的路人都可以直接拉開房門進來，這讓我不得不再次佩服日本鄉下的良好治安與鄰里間的信任。

那天洗澡時聽到浴室外有三個人在聊天，一位是一少，另兩位則是一對夫婦，那對夫婦昨天沒住國民宿舍土佐，這天是冒著雨走了我們原本要走的那條什麼都沒有的產業道路。他們正和一少說著一路的艱辛，然後一少就和他們說了搭船的事，夫婦聽到之後，很是羨慕，說著要是也住在國民宿舍土佐就好了。

我也這麼認為。這天因為有了國民宿舍土佐大叔的幫助，我們避過了大雨和中途沒有休息站的長路；也因為有時間和其他人交流，而了解了接下來的路該怎麼走，實在很幸運。

躺在床上，回想著一路走來的點滴，感覺好像有位背後的領隊在默默地引導著我們，在不知不覺中，巧妙地安排著一切，他偶而會讓我們吃點苦，讓我們明白什麼事是重要的，但又不時會來幫我們加油緩頰，讓我們可以一路平安地來到這裡。

雖然不曉得背後的領隊是否存在，但我打從心裡感謝他！或者「同行二人」真的確有其事，空海大師始終守護著這條遍路道上來來往往的人們。

第一名的宿泊

從福屋旅館離開之後，我們又回到國道56，雖然通往第三十七號岩本寺的路上，還有另外兩條遍路道可以走，但從地圖的等高線看起來免不了是一陣山路，於是我們還是選擇走車多的國道。

參拜完岩本寺，我們投宿在附近的美馬旅館，比起一般遍路道上的民宿旅館要貴，一泊二食要八千四百圓（一般大概在六千五百圓上下）。一進房才發現室內好寬敞，而且陳設非常古樸優雅，澡堂很大，食物非常精緻。後來才知道這是一家百年名店，創業於明治二十四年（西元一八九一年）。

這條路本來地勢就高，就算是選擇走國道，還是得不停地上坡，且越往山上走，天氣越陰沉，接著就刮起風來。昨天我的手表突然停了，可能是沒電了，於是處於搞不清楚時間的情況下，更加覺得路途漫長。

走在被高山與巨樹包圍的環山道路上，會感受到自己的渺小，面對越是壯觀的地景，就越感到怯弱憂傷。

下午兩點多，我們就到達岩本寺。這天是星期天，寺前的商店街大多公休，但卻神奇地有一家鐘表店竟然營業中，我趕緊把手表送去換電池。

第三十七號岩本寺的一大特色，就是它供奉的本尊有五座，阿彌陀如來、藥師如來、觀音菩薩、不動明王、地藏菩薩。這座寺附有宿坊，本堂的天花板壁畫也相當著名。

隔天是個風和日麗的好天氣，回到國道56一路前行。下午步行到黑潮町，終於從山裡出來，接上漂亮的海岸線，而且整條海岸線有被整理成供民眾休憩的公園，還有一個很有霸氣的名字——「土佐西南大規模公園」。沿著美麗的海岸風光走，就來到了這天預訂的海坊主飯店。

海坊主雖自稱為飯店，但它其實也像是有規模、有整理過的民宿，不過，它其實是結合了飯店與民宿的優點，讓我和M都非常喜歡。

首先它所有的房間都面海，落地窗外的海景不輸明星飯店；每間房都有自己的衛浴，而且如大飯店的寬敞規格，不像商務旅館那種連轉身都很侷促的小浴室；還有房內有洋式的桌椅及和式的榻榻米床；提供一泊二食，料理好吃，早餐還附優格，雞蛋也不是生的；老闆親切但不囉唆；洗衣服免費；而且一個人只要六千三百圓，非常實惠。

集結了這麼多優點的海坊主飯店，也因此成為我們這次旅行的住宿第一名。不過那晚我卻忙著打電話訂黃金週時的住宿，沒有全心全意地享受它。此刻我終於比較能掌握黃金週時的進度了，但一開始打電話之後才發現很不妙，比較理想的地方通都客滿了，只好亂訂一通，於是在進入黃金週之後，我們的步行進度將會受到住宿點的影響，有時很短，有時很長。

隔天一早我們來到浮鞭，從這裡到接上縣道42的這段海岸遍路道，應該是我心中美好道路的第一名。雖是海邊，卻有林蔭包圍，或是有視野開闊的海岸小徑，走在這裡，會以為在觀光旅行，暫時忘記自己是在如苦行般的遍路中。

但是好日子沒有過多久，當走上縣道42之後，又回到了兩側封閉的荒涼車道，天氣也熱了起來，原本舒適的心情逐漸崩解。

吃完午餐，我們走上了四萬十大橋，橋下就是有名的四萬十川，下了橋後的這段路，也走得很辛苦。或許是大氣太熱，全身暈晃晃的，雖然還沒有到最後的五公里，卻已派意志力出場了。

過了今大師寺，則要進入新伊豆田隧道，這條隧道全長一千六百二十公尺，是至今我們走過最長的。因為隧道很長，也是唯一的遍路道，所以人行步道鋪設良好，但儘管如此，要在隧道裡走二十幾分鐘才能重見天日，並不舒服。等我從隧道出來後，便全身發冷，可能是要發燒了。

最後的八公里可能是預借了明天的體力才撐到的，自己像是沒有魂的人一樣在飄，看著旁邊開過的一班班公車，好想坐上去。

好不容易抵達民宿久百百，這家民宿在遍路界非常有人氣，很容易就客滿，我們也是早有耳聞而提早預訂。二老一少、中村小姐，還有好久不見的時髦夫婦今天都住在這裡。老闆娘是個幽默的人，很愛開玩笑。

不過，這裡只有一間一人用的浴室，洗澡得排隊，而且老闆娘會按順序叫人，不容亂插隊，此舉對這天的我來說相當難受。本來想像一到民宿，趕快洗完澡，隨便吃個飯，就馬上躺平休養，但此刻只能渾身髒兮兮地縮在房間的榻榻米上發抖。

等不到浴室，卻被老闆娘叫下去吃晚飯，席間老闆娘會來和大家聊天，她講話的風格很逗趣，大家被她帶動得開心熱絡。

這天的住客明天都要往三十八號走，而從三十八號往三十九號的路，可以原路折回來，再接上縣道21或46，像是二老一少和中村小姐都打算明天住在三十八號的足摺岬，後天再折回來住久百百。「因為可以同時接受兩個方向過來的遍路者，且在房間數不多的情況下，才會這麼容易客滿吧。」我不滿的心裡自行解釋著這裡之所以會人氣高的原因。

久百百的老闆娘以熱情風趣聞名，但對日文沒有那麼好的我們來說，感受力沒有那麼深刻。雖然住到了這間頗負盛名的民宿，但前一天才體會過海坊主飯店的諸多優點，久百百因而顯得太過樸素了，加上我剛好身體不適，一心只想洗澡休息，無法如願的我只好一直在心中按下扣分。

很抱歉，久百百，我們還是要把第一名頒給海坊主了！

別以為自己不會累

才早上五點半，久百百的老闆娘就上樓來叫大家下樓吃早餐，還在睡的我以為自己在作夢，睜開眼睛看了一下手表，心想「不會吧！這麼早……」，本來想要假裝沒聽到繼續睡，沒一會兒老闆娘又來叫一次。

前晚吞了一顆感冒藥就睡了，想說這天只有二十公里的路程，本來想好好補眠一下，至少可以睡到六點半再起來，但沒想到五點半就得去吃早餐了。

依照老闆娘的說法是天色很早就亮了，天氣也比較涼爽，早點出門走會比較舒服，而且如此中午左右就可抵達足摺休息了；何況大岐海岸這一帶風景很好，大家可以很愉快地享受這段路程。當我們在六點多離開民宿，看到海面上剛升起的太陽時，雖然心裡仍忍不住嘀咕，但仍不得不同意老闆娘的主張。

早晨的這段路走得很愉快，在溫柔陽光照耀下的大岐海岸風光，著實令人心情雀躍。身體的狀態似乎也還可以，燒已經退了。

走到以布利時，接上舊遍路道，先是穿過以布利漁港，之後則有條小路接到了海灘旁，看到這條路時嚇了一跳，這海灘不是純沙灘，也不是岩岸，是充滿了小碎石的礫灘，而且到處都有碎玻璃瓶、垃圾和一些動物的屍體，氣味不是太好，我們只好快步通過。

過了這段路，接上一段山路，可能是剛剛受到海岸路的驚嚇，還有我自以為海邊路是不用爬山的錯誤印象影響，早上的好心情在此時完全消失了。

走了一段山路之後，接上了產業道路，但走了一會兒，又出現了掛著遍路牌的山徑小叉路，我看了一下地圖，確定了走產業道路也會到時，就決定不要再理會這些近路道的標示了。

明明有鋪裝良好的道路可走，為什麼偏要選難走的路呢？在走遍路時我經常在想這個問題，山徑叉路等同於捷徑，但如果彼此相差的里程數不是太多的話，對於山路苦手的我，根本省不了什麼時間，反而走得很提心吊膽。但是，捨棄了遍路道而去走公路的結果，往往得和遍路標示揮別，不會有路標來幫我確認是否走在正確的路上，只能靠自己看地圖找路。

如果遍路等同於人生，那我可能是沒有膽子走捷徑的人，我總以為捷徑其實很花力氣，是不是真省到什麼，也很難確定了。

不過，在接下來的路程，可能也有點累了，昨天下午後身體不適的噩夢又回來找我，說是噩夢是因為我並沒有身體不舒服，而是只要一想到那個全身無力的自己，就感到恐懼不已。

每天都要走那麼多路，也就是每天都要把自己維持在某種平衡狀態內，要不然是沒有辦法達成進度的，但是昨天那種全身無力、冷汗直流的情況，如果再

6 上清瀧寺的路需原路折回，此時我們已對四國治安有了點信心，於是就把行李暫放在路邊的椅子上，待回程時再來領了。　/**7** 從第三十二號禪師峰寺遠眺的美景，今天菩薩保佑，又是風平浪靜的一天。　/**8** 在路上時而遇見獨自遍路的年輕女生，總不由得想為她喝采加油！　/**9** 三F便利商店（スリーエフ）在高知縣連鎖店對遍路者非常友善，門口的椅子會掛上「請讓遍路者優先使用」的標語。有些門市還會接待步行遍路者飲料。

1 第二十八號大日寺是祈求身體健康的名寺。明治年間曾因神佛分離令廢寺，之後再興，本堂在平成年間重整過，藍天之下，氣宇軒昂。　／**2** 田中央也是遍路道，安置了清楚的路牌，感謝附近民家的接待。　／**3** 牧野富太郎是日本植物學之父，高知縣出身。一九五八年（牧野去世後一年），為紀念他而設立了牧野植物園。　／**4** 第三十二號到第三十三號需渡過浦戶灣，可在種崎渡船場免費搭船，約每小時一班。或可走浦戶大橋，路程略遠一些。　／**5** 遍路道上的路標，有的是給徒步者看的，有的是給開車的人看的，徒步遍路者可要看清楚唷！

次出現的話，那該怎麼辦呢？

現在寫到這裡的我，和正在讀到這裡的你，可能都覺得這是件沒有什麼大不了的事，如果再遇到這種情況，解決方法只要好好休息一下就好了。

但是，那時的我卻為此感到困擾，無法輕鬆地看待，而且突然產生了很強烈的不安，對自己的信心也瓦解了。我開始不停地試著回想這一路上，我走到哪裡時是開心的，有產生過能來這裡真好的想法：比如說，在日和佐的藥王寺眺望海龜島時，能再訪最御崎寺和竹林寺時，住在海坊主飯店時，甚至是昨天才走過的浮鞭海岸時……，在這些時候我都很愉快，但為什麼現在再想起它們時，卻無法支持我讓心情可以好過一點。

心裡有點焦急，不停地翻找著記憶，從遍路裡翻到遍路外，但怎麼想也想不到。

在通往金剛福寺的縣道27上行走時，我成為內心戲波濤洶湧的走路機器人，一直往前走，但心裡的低潮卻絲毫不客氣地完全現身，從原本只是對身體感到不安的空隙裡狠狠地鑽出來，然後不斷脹大。

時間逼近中午，太陽也越來越辣，心情不好時，會覺得連太陽都在捉弄自己。

縣道27仍然盡情蜿蜒著，從路標上看起來明明快要到的金剛福寺，卻老是也到不了，而內心的波動還是很滾燙，無法降溫。

但突然地轉了一個小彎道後，足摺岬的燈塔和金剛福寺就到了，看到寺突然出現在自己眼前，反而很錯愕，我本來以為它應該會有一個氣勢磅礡的排場，比如說有個寬大的廣場，長又長的樓梯，或者是金碧輝煌的山門，結果完全不是我想的那回事，它的位置就在路邊。M這段路也走得很辛苦，她感覺走到想撞牆了，我也很納悶剛剛那段路怎麼走得那麼累，整個人感覺被幾千斤的沮喪給壓得喘不過氣來，就算到達金剛福寺時都還餘悸猶存。於是進了寺裡，便和菩薩祈求著希望心靈能得到平靜。

金剛福寺是空海大師在四國的最南端，為觀音菩薩設立的一塊淨土。足摺岬適合栽種藪椿，二月時是花季，而藪椿盛開的庭園正符合古人對觀音淨土的想像。

參拜完寺院，吃完午餐，就走到預訂的飯店，我們訂了此行最貴的飯店（一泊二食一萬三千八百圓）。之前想說好不容易大老遠走到足摺岬，那就再來當一下公主，好好享受一下，於是發狠訂了足摺國際飯店。

去飯店登記時，也才下午一點多，想想早上心裡的幾番波折，也不過是短短幾個小時內的事而已。我們放好了行李，想去附近逛一逛，但足摺岬這裡比我們想像的還要無聊，沒有太多的店家，沒一會兒就折回飯店休息。

下午我們去泡湯，飯店的露天溫泉可眺望海景，我泡在池子裡想著早上的心情風暴，那樣的自己好痛苦也好可怕，但再仔細想想，那時候會這樣，可能只是因為累了。

遍路的行旅已進行了二十幾天，但沒有一天完全休息過，雖然每天都認真地吃飯睡覺，可是似乎這樣還不夠，心裡的各個角落還是會積藏著疲勞的垃圾。

而當這些垃圾越來越多時，自己的力量就會變小，當自己的力量一小，就什麼事都可以打擊自己了。太陽可以，平坦的馬路也可以，多踏出的每一步都會把自己逼到一動也不能動的境地。

這條路是如此的誠實，對於自己的任何感受都不能小看，只要它發生了，它就存在，需拿出等值的力量來面對。不過，我也曉得我們目前正走到一半，還沒有辦法完全隨意，我唯一能做的，只有好好享受著任何休息的片刻。放鬆休息是應該，也是必需。

泡在露天風呂裡，看著大海發個呆，我想是一個美好的休息。

累了，就要承認，而且要找機會讓自己復原，這是我今天學到的事。

快轉與倒轉

「想坐公車了，對，就是今天，來坐公車吧！」

前一天才經歷了心情沮喪的風暴，好不容易在華麗的飯店裡調適好，不想馬上又被擊潰；就算想好好休息一天，且足摺峽附近還有些觀光景點，但我們哪裡也不感興趣；再加上好不容易為黃金週訂好的住宿，實在不敢貿然更改延後行程，還有還有今天的路是原路折返，既然昨天都已經走過，那今天就可以不用麻煩了；更何況，飯店門口就有公車直達預訂的民宿啊……

藉口實在很多，但這天確實是坐公車的好時機，天時地利人和的情況下，就用公車移動來放自己一天假。

我們搭快十點的公車到下之加江，車程大概七十多分鐘。上了公車，車子沿著縣道27往足摺岬西岸前進，這讓我們可以看到足摺岬的另外一面，沿線的海岸頗為陡峭，但這條公路也是一條遍路道，我看見中村小姐就正在路上走著。

公車會在土佐清水市接上國道321，這裡大概是足摺這一帶最熱鬧的地方了，有寬大的馬路、紅綠燈、超市和便利商店，在海岸邊繞了很久之後，突然回到了熟悉的城市風景。不

過可能是因為不斷地轉彎，加上車子裡的空氣很悶，還是太久沒有坐車的關係，我居然暈車了。

國道321在以布利轉彎，接上了我們昨天的來時路，我看著有點熟悉的景物，遺憾著昨天是以惡劣的心情在感受著這裡。自從前天過了那條一千多公尺的隧道後，我輪流被自己的身體和心情問題困擾著，雖然通往足摺岬的國道321和縣道27的景色優美、路況也良好，但對我來說它們意味著一些不太愉快的經驗，所以很抱歉我沒有辦法坦然地喜歡這裡。

在這段路上坐公車有一種同時經歷了「快轉」與「倒轉」。「快轉」指的是坐車前進當然會比走路快，今天的進度以一種比平常快五倍的速度在進行著，此行一直在辛苦的走路，但只要一上車，到哪裡都只需要一點點的時間而已，人在機械科技面前是很無能的。

而看著昨天的來時路，就有著「倒轉」的感覺。看著路上不斷往前的遍路者，還是會想起昨天的自己，昨天經過這裡時正想著什麼，看到了什麼。車一直往前，昨天的回憶就倒著在心裡演了一遍。

路一直在那裡，改變的是人，而人又會因為自己的感受而喜歡或討厭這條路，但路還是一直在那裡迎接太陽、迎接風雨、迎接著來來往往的人們。

雖然只是七十分鐘的公車車程，卻讓我有很多感觸，加上暈車的關係，就算沒有走路，還是覺得這天已經歷了很多。

民宿的老闆看到我們這麼早出現嚇了一跳，問我們是從哪來的，我老實回答了從足摺搭巴士來的。

老闆是一位長得很像老演員渡邊哲的歐吉桑，他的兒子也在家中幫忙，他們對遍路者都很熱心親切，還很積極地和大家介紹走遍路時理想的鞋帶綁法，他說為了不要讓腳趾感到太擠，比如說一般五排孔的運動鞋，在綁鞋帶時前三排孔都不要綁，直接綁第四、五排孔就好了，這樣可讓雙腳在行走時比較舒服，對預防水泡挺有幫助。

老闆在吃晚餐時和幾位遍路者又講到綁鞋帶的事，於是大家都討論起水泡的問題，這才發現原來大家都有這樣的煩惱。我很早就長了水泡，M大概比我晚一陣子才有，這應該是遍路者或多或少都會面對到的煩惱。

雖然老闆不斷鼓吹，但我們直到幾天後才試著把鞋帶的綁法調整，不過我腳上的水泡已經長得很熱鬧了，實在無法分辨這種綁法是不是有效。

遍路者的八卦時間

隔天早上是個好天氣，從下之加江往第三十九號延光寺的路有兩條，一條是經過三原村的縣道21，另一條是從真念庵轉進縣道46；依著民宿老闆的建議，就走好走的縣道21。

出發沒多久，我們就遇到一少，平常只要和二老在一起，一少幾乎都沒和我們說過話，現在才有機會和他聊天。他是四國香川人，家就住在有知名的金刀比羅宮的琴平附近。而他一直很好奇我們兩個外國女生，為什麼會想來走遍路，所以詢問著我的想法，但要我用日文把原因說清楚還真不容易，只好簡單解釋是看了江口洋介那部連續劇的關係。

1 在我內心戲奔騰的路上，經過一座遍路小屋，在那裡和一位從東京來的阿伯閒聊，他去過台灣好幾次，會講一點點簡單的中文；還認識了一位很愛抽菸的年輕女生藤井小姐，她一個人來走遍路。　/**2** 這座破敗的房子標示著可供遍路者休息，但一進去還能看到屋主的東西，感覺好像是誤闖了民宅，十分不好意思。　/**3** 三原村遍路道是條令人心曠神怡的路，療癒了我前幾天的身心低潮。　/**4** 往金剛福寺的路上，是一段身心雙重煎熬的過程，感覺路途永無止境。　/**5** 搭公車讓自己放個假，結果太久沒坐車，不適應車行速度，居然暈車了。

走著走著，又遇到時髦夫婦、二老和中村小姐，大家前前後後地，一路都有熟人相伴。

縣道21果然是條好走的路，除了路況好之外，偶而出現的坡道也很緩，路上的車也很少，我們常常走在路中間，不像有些縣道的車多路面卻窄，只能靠著邊邊前進。除此之外，那裡的風景很棒，路旁偶而出現的溪谷，有著宛如九寨溝般的景緻。

此時我還是小心翼翼地觀察著自己的心情，深怕巨大憂鬱又突然任性地發作。不過所幸今天走在這樣一條心曠神怡的路上，憂鬱不但沒有出現，心裡反而開朗了。

我們在芳井附近的遍路小屋休息時，馬場先生帶我們去一旁廢棄的民宅上廁所，這屋子看起來好像很久沒有人住了，但是一進屋子，看到屋裡的擺設，曾經有人住過的味道還是很強烈，好像只是比較沒有整理，但屋主待會兒就回來的感覺。

M說客廳裡還掛著屋主家長輩的照片，我不太敢去看，我正為突然來這屋子裡打擾而感到抱歉，如果去看了照片，可能會因為記下這些臉孔而更不好意思。

走到天滿宮時，大家才又停下來休息，他們討論起此時不在場的中村小姐，時髦太太稱讚她很可愛，一少則說她家人很擔心她一個小女生出來走，奶奶一直要她回家……，大家不停地交換著關於中村小姐的各種訊息。

好像都是這樣，在同一段路上行走的遍路者們，彼此都會認識，這種相識常會成為彼此的照應，道路的訊息交換，休息時一起分享食物，但也會有這種不傷大雅的八卦討論。我想我們兩個從台灣來的女生，也一定是各位遍路者的話題吧！

不到下午三點，我們抵達預訂的鶴之家旅館，時間還早，我們把行李放好後，就再往三十九號延光寺前進。

延光寺是由行基菩薩開基，寺的傳說也有大師掘井的故事，但這裡的靈水有治療眼病的神效。當我們到達寺裡時，二老一少、時髦夫婦還有幾位路上見過的歐吉桑們全都坐在寺裡的椅子上，二老明天趕到第四十號後，這趟遍路旅行就結束了。馬場先生說，終於要結束了很開心，但也覺得寂寞。我想我們要結願的那天，可能也會有這樣的感覺吧。

晚上寫日記時我仔細檢查經過了這一天的自己，心情的狀況已有好轉，雖然長期受累的膝蓋還是痛，水泡的問題也從沒有離開我，但似乎已有了再繼續走下去的勇氣了。

而明天我們將離開高知，進入菩提的道場愛媛縣。四國遍路已經完成了兩國，未來也請加油了。

重要文化財
浄土寺
HITACHI

Chapter 4

菩提的道場——愛媛

以為自己通過了試煉，
學會了技巧，參透了心法，
正在洋洋得意，但踏上菩提之道，
才是考驗的開始。

所有領受過的風雨艱辛、日曬苦勞，
都要再次驗證，煩惱於此叢生。

愛媛的路，說苦不夠，說聞未至，
只是加長版的複習題。
遍路者這才發現，升起的龐雜碎念，
竟是明心見性的提示。

40 觀自在寺
41 龍光寺
42 佛木寺
43 明石寺
44 大寶寺
45 岩屋寺
46 淨瑠璃寺
47 八坂寺
48 西林寺
49 淨土寺
50 繁多寺
51 石手寺
52 太山寺
53 圓明寺
54 延命寺
55 南光坊
56 泰山寺
57 榮福寺

58 仙遊寺
59 國分寺
60 橫峰寺
61 香園寺
62 寶壽寺
63 吉祥寺
64 前神寺
65 三角寺

愛媛

山徑迷路記

離開鶴之家旅館後，我們往第四十號的路上前進，起初的五公里走得很快，但是到了宿毛，我們就變得拖拖拉拉，不時停下來吃東西、喝水、休息，還在宿毛市區迷了路，來來回回地找了一會兒，才接上正確的路。

通往四十號的路有兩條，我們喜歡的國道56比較繞路，另一條則是山頂有著松尾大師亭的松尾峠，聽從鶴之家老闆的建議，我們乖乖地還走山路松尾峠。

好不容易上坡了，起先是段很陡的小泥坡，接了一段平緩的山路，然後又下到農家用的水泥道，一過了子安地藏，就全都是山路。

M走在前方，我則在後頭慢慢走。但走了一會兒，過了一個彎道後是一條可以看到遠方的長直路，我卻沒有看到M，還在想著怎麼她走得那麼快，我沿著山路一直走，彎了又彎，還是沒有看到M，只好一直往前走。

走著走著，來到一座日本柚子園，原本清楚的步道開始變得很曖昧，坡道也變得非常陡，我納悶著為何遍路道會走進人家的果園，也很疑惑為什麼M不見了。

此時我看到果園上方的山頭正有兩個人在看風景，於是就猜測如果爬上果園的那個坡應該就是了。我不疑有他地往前走，努力地往栽滿柚子樹的坡道上爬，但坡道沒有明顯的路，甚至要手腳並用才行。當我終於走到那個角落時，才發現剛剛看到人影的下方並沒有路，僅是一面山壁。

「我迷路了！」

當發現沒有路可走時，才想到自己應該是迷路了。

因為迷路了，所以一直沒有看到M，且好像也很久沒有看到樹上掛的遍路指標了。而我才在納悶為什麼那麼奇怪的果園路，那是因為這條路根本不是遍路道啊！

在山裡迷路的恐懼會比在平地裡要嚴重，一路上都很荒涼，找不到人問路，而且四周的景色都很相像，辨識度不高。我得冷靜下來，看了一下四處的環境，還好還分辨得出我是從哪裡走來的，只要從來時路走回去，或許就能找到我錯過的分叉路。

不過剛剛好不容易爬上來的陡坡，此時又得小心翼翼地往下走，如果不小心跌倒，可能只能等農家來巡果園時才會有人經過了。再度手腳並用地跳下了陡坡，再繞出果園，我往來時路奔去，但都沒有看到什麼叉路，原來我走了好大一段冤枉路。

好不容易終於找到了。那條路是一條比較窄的上坡道，路標不是標在分叉的路口，而是插在上坡道上，可能是這個原因，所以我剛剛沒有發現。

無論如何，走到對的路心情稍微安定。我雖然想加快速度，但卻是段陡急上坡道，就算我想快也快不起來，只能氣喘噓噓地駝著我的胖包，杵著手杖，慢慢地往上爬。我忽然明白了早上為何會一直拖拖拉拉休息又吃東西，身體可能有了預感，於是先貯存好能量，以便我能有體力支撐過這段際遇。

來到松尾大師時很感動，再見到M時也很感動，她已經到了好一會兒了。

過了松尾大師，等於來到了愛媛縣的縣境，一樣得走山路下山，但是和剛才上山的路比起來，愛媛境內的這段下山路，似乎有得到比較好的照顧，這段坡道的樓梯較為整齊，且有扶手的支持。

下山後，我們來到一本松，趁著黃金週的空暇，當地婦女會在公會堂舉辦了三天的遍路午餐接待活動，我們也被邀請去用餐。

只是當接待的阿姨知道我們是台灣人，問了我們會不會用筷子時，我被這個問題給愣了一下，忍著不敢笑地回答她說：「沒問題。」

下午四點四十五分，我們來到第四十號觀自在寺，觀自在寺是由平城天皇勅願空海大師開創的，因此山號名為平城山。這裡是以祈求健康、除厄、安產著名，同時被稱為是「四國靈場的裡關所」（四国霊場の裏関所），是距離第一號靈山寺最遠的靈場。走到這裡，也算完成了遍路一半的旅程。

偷得半日閒

隔天，因為黃金週的關係，只訂到走十公里就到的旅館，我們也因此得到了半天假。在旅館慢吞吞地吃了早餐，又慢吞吞地出門，這十公里的路程都在國道56上，算是十分輕鬆的一天。

過了御莊菊川，路又轉到了海邊，這裡已接近宇和島，海面上可見很多珠貝養殖業。除了欣賞海景，我們也無聊到注意起路上經過車輛的車牌，黃金週時滿路上的觀光客，到底是從哪裡來的呢？只要是看到不是四國的縣份，我們就會很興奮，偶而會看到東京或更遠的地方的來車，還為他們感到辛苦，真是遠道而來，希望他們會覺得四國好玩。

過中午就抵達預約的旅館旭屋，它位在一個名叫內海的地方。老闆娘看到我們這麼早就到了，便問要不要先放了行李後去爬山，下了山再坐公車回來，這樣明天早上直接坐車到下山的地方再繼續走。

往四十一號的路在過了內海之後，將一分為二，一條是國道56，另一條則是柳水大師和清水大師的山路，當然山路是比較近的路，不過兩者間也僅差不到兩公里。

才在松尾大師迷路過的我，還處在恐山症中，而且我想明天老老實實地走國道56就好了，此刻先走再坐車回來，隔天再坐車去的點子好像也沒有省到什麼。於是便委婉拒了老闆娘的提案，我們只想在旅館裡休息。

在旅館的起居室裡，看到一份彩色影印的資料，那是附近的小學生們做的山路地圖，介紹從內海通往上畑地的這段山路，孩子們在地圖上畫出柳水大師亭和清水大師亭的風景和路上哪裡有彎道等各種提示，小朋友的口氣和筆觸看起來特別可愛。

在遍路道上，常會看到這類的手繪地圖，它們多半是當地人或學校團體自行製作的，有時我們也會在一些學校外的告示版上，看到老師在班上教授遍路知識的照片。透過課堂上的學習及校外教學，學生們可以理解遍路的歷史和當地遍路道的路線，進一步明白了故鄉的歷史和文化意涵。

偷得半天的休息時間，我們在房間裡悠閒地寫明信片給朋友，還能好好享受旅館的大浴池和華麗的晚餐，能休息的時候就要好好休息，這是一個重要的遍路原則。

再次迷路

早上醒來，外頭又是如氣象報告所預期的雨天，雖然實在不喜歡這樣的天氣，但經歷了幾次之後已稍微習慣了。

這天有三十幾公里的里程，不容我們拖拉，吃完早餐，趕快收好行李、披上雨衣之後就出門了，沿著國道56向第四十一號龍光寺的方向前進。

雨時大時小，我們幾乎每遇到能休息的地方都毫不客氣地休息一下，只要能把雨衣脫掉，在椅子上坐一下，讓肩膀放鬆，身體就會舒服一點；但又不能坐太久，只要讓腳食髓知味，它就會很懶得動了。

根據這段時間的經驗，休息對肩膀來說是很有幫助的，但是對腳來說就未必如此了，休息之後，腳往往就會僵硬，走不太動，得讓它再暖身一會兒，才能走得快一點。於是後來的休息時間，我們會放下背包，然後讓腳一直原地踏，好保持住原本的腳力。

到了下午，雨漸漸停了，我們也來到一個名為松尾隧道的地方，這條隧道全長一千七百一十公尺，如果要直接穿過隧道需要約半小時的時間，且隧道內的空氣不佳，手上的徒步地圖建議我們走隧道旁的遍路道。

お遍路
さん
休憩所
MAP

到了隧道口，我們沿著指示走，畢竟是隧道旁的替代道路，很自然是一條山路。早上才下過大雨，混著泥土和落葉的路面顯得很溼滑，走在前頭的我很專心地看著路，結果沒一會兒我們就從山路穿出來，接到一條上山的產業道路上，遍路牌突然不見了，但我們還是繼續往前走。

走了一會兒，看著前方的路似乎沒有盡頭，但也沒有任何遍路道的指示，加上照這個方向走下去，似乎和地圖上的方位不太合，我想這表示著又迷路了。

我們按著原路走回去，回到剛剛走來的那段潮溼的山路裡，才發現了遍路牌是指示的另一個方向，我們這才接上了正確的路。

從連續兩次在山道迷路的經驗中，我發現了我的問題。或許是知道自己不善於走山路，深怕不小心跌倒，所以每當走山路的時候，我都會特別專心地在看著我腳下的路；在此同時，我卻可能會因此忽略了指示我方向的路牌。

上一次在松尾大師時就是因為看著腳下的路，而錯過了一旁山坡道的路牌；這次在松尾隧道旁也是害怕坡道溼滑，小心翼翼地盯著路走，反而沒看到就在眼前的指標。

這難道是大師要我學習的課題嗎？不過這一題真不簡單。人生的道路上，我們該做好眼前的事，就像該踏穩腳下的每一步；我們也該掌握好自己的計畫，就像該看清楚方向。只要疏忽了任何一方，稍有不慎就會跌了跤或迷了路，要在這兩件事中達到平衡其實一點也不容易。

如果把問題丟回人生面，我自認還無法做好，這課題太龐大，得用一輩子來實踐才行。此時此刻，我唯一能做的就是在此行的路上能盡量走穩腳下的每一步，同時也好好注意方向。

煩惱即菩提

隔天早上，我們終於要到下一座寺院了，就像之前說的，對於那種走了一整天都沒有寺的行程，有時會覺得不曉得為何而來，好像只是從這個旅館走到下一個旅館，然後一天就這樣結束了。

不過也唯有在這樣的時候，當天計畫的里程數是可以長一點，如果是有寺的行程，就得預留在寺裡停留的時間（約十五至三十分），停的寺越多，可步行的時間就會相對縮短，此時的我們已漸漸能用這些標準和路況等條件來抓出自己的步調了。

這天是個好天氣，出了宇和島火車站，再步行九公里，就到了第四十一號龍光寺。黃金週時路上會多了不少步行遍路者，他們多半是趁著黃金週的長假來完成部分的旅程。

龍光寺裡有一座很古典的稻荷神社，草編的厚重屋頂讓人印象深刻。當年弘法大師巡錫此地時，遇到稻荷大明神化身的白髮老人，大師即以老人的樣貌刻了神像，以此地作為稻荷大明神鎮守四國的總部。

從龍光寺旁的墓園看到給步行者的遍路道路牌，但似乎得走很多樓梯，不太好走的樣子。我們在山門下也看到了路標，於是就往那裡走去。

起初沒有什麼問題，一路上指示都很清楚，而且也有分給車走的和人行的路線，我們跟著人行遍路道的指標走，來到了一個叫中山池的地方，但上了一段小山坡來到池邊後，路標就沒了，我們很直覺地選了左邊看起來像是步道的路走，結果這條路沿著池岸一直繞，怎麼都看不到路標。

走出池邊，下了山坡，我們折回最近的路標前，和路過的一位年輕人問路，他和我們指了剛剛的山坡，但是上了山坡後要往右邊公園的方向走。我們只好再爬上山坡，穿過公園，來到公園的大門口，這一段路上依然沒有看到任何路標，在公園門口的馬路旁張望了一番，沒有看到可以問路的人。而就在此時一位穿著遍路背心的重機騎士從我們面前呼嘯而過，我們只好跟著他的方向往前走，大約又走了幾分鐘，我們才看到往佛木寺的路牌，接上遍路道，順利走到寺裡。

關於佛木寺的傳說還蠻有趣的。相傳大師巡錫此地時，遇見一位牽著牛的老人，老人帶大師來到一棵發著光的大樟樹前，原來樹上有一顆寶珠（且是大師從大唐帝國投擲來的），大師於是以此木刻了一尊大日如來像，神像的眉間安放了寶珠，並將此地定為靈場。

在佛木寺參拜完之後，我們接著往四十三號明石寺前進，通往四十三號的路需經過鹵長峠，之後會接上一條鹵長隧道，這條隧道雖然有人行步道，但隧道裡的照明不足，有時會暗到看不到自己腳下的路，行走時得特別小心。

接著我們跟著遍路道的指標彎來彎去，已彎到無法靠地圖認路了，但沒多久又和指標走散，所以我們還是得靠問路來找路。快到四十三號前，是一段會讓人作噩夢的水泥陡坡，登上那個陡坡就到了明石寺。

明石寺位在標高兩百八十公尺的山腹中，是一座被保存良好的寺院，古意甚濃，其開基的時間約在六世紀前半之際。本尊的千手觀音像來自唐朝，大師堂相鄰的夫婦杉高聳美麗。本堂的天花板畫是明治年間修復的，也是寺內的一大特色。

離開寺後，我們又往剛剛那個山坡下走，因為剛剛已經沒有靠地圖走來，下了山仍然不曉得自己位在地圖上的何方，只好邊走邊問路。

在快到宇和高校時，我們在路邊翻看地圖，一位開著貨車的先生停下車來問我們要去哪裡，我指了地圖上的飯店名稱給他看，他說如果我們不介意的話，可以等他十分鐘，他送完貨載我們去。我說只有三公里多可以用走的，於是他便試著用最簡單的方法說明飯店的方向。

走了一會兒，終於接上國道56，我們在途中一家便利商店的椅子上休息，此時停車場轉進了一輛小貨車，小貨車隨便停下，司機下了車。原來是剛剛那位司機，他拿了一袋當地名店的甜點給我們，還說了加油後，就轉身上車走了。

他真是位好心的先生，可能是擔心我們會不會找不到路，才特別繞路來確認一下，真心謝謝他。

躺在旅館的床上時，我想著來愛媛的四天，竟然有三天都是迷路的，而且這天更是從早上迷到下午。我想起愛媛既名為「菩提的道場」，那「菩提」到底是什麼意思？

一般的解釋是說「菩提」指的是覺悟和智慧，而也有書上說到煩惱即菩提。

儘管是走了那麼多路，我也沒有因此看透什麼，「覺悟」這個說法有點太崇高了；但若是透過對煩惱的省思來認識自己，我似乎比較理解了些。

迷路也是一種煩惱，在迷路和找路的過程，回想為什麼會迷路的原因，也才明白了一直以來是怎麼走路，和怎麼面對腳下的路。

換句話說，我和遍路道的關係，我和人生路的關係，唯有在出現疑惑時，我才能發現問題在哪裡。

愛媛是菩提的道場，一直迷路的我，好像是明白了一點點。

大瀨的館

早上起床，我們很快速地在飯店房間裡吃了前晚買的早餐後，就趕快出門了，今天預計要走三十七公里路，是我們此次旅程的最長單日里程。路線是一路國道56，最後的七公里再接國道379，路看起來很簡單，希望不要再迷路了。

之前在找資料時，參考過幾位日本歐吉桑的遊記，其中有幾位每天都是三十公里以上，偶而還會出現四十多公里的里程數，那時候還沒有開始走，所以對這樣的數字只是覺得很快，但沒有太切身的感受。

可當我們上路後，再回想這些數字時，便由衷地佩服起這些大叔，我想就算行李只有現在的一半重，一天走四十公里可能是我的極限了，我無法想像四十公里以上是一種怎樣的境界。

國道56的路面寬，加上早上雖陽光普照但天氣不熱，走起來挺舒適的。

這天早上，我一直在想一個問題，其實在準備遍路行時，我已經期許自己如果能完成這趟旅行，那我應該要把這次的經過記錄下來，也可作為其他對遍路有興趣的朋友的參考，畢竟在我出發之前，網路上找不到任何完整走完遍路的中文紀錄。

不過，走路好累，每天等到打開日記本的時刻，早已處在一個很想趕快寫完好來看電視或是躺平睡覺的狀態，以至於我的日記連要稱上是鉅細靡遺的流水帳都談不上，有時草草交待幾句就沒下文了。那這樣等我要整理成遊記時豈不是不曉得要寫什麼才好？

於是，我和自己商量，有沒有可能對未來的自己開門呢？我想人是一種經驗的動物，經歷過的事情就會以某種形式存在身體裡，我希望我這一路上感受到的點點滴滴，或許當下無法用文字好好記錄下來，但是能輕易地被未來的我讀取。我指的不是吃了什麼或是某個食物多少錢這種資訊上的記憶，而是在走某一段路時，我想到了什麼，感受到了什麼這類內心的感受，我希望之後的我隨時能回憶起來。

雖然走遍路是一件辛苦的事，可我相信不用多久，我會想念這條路，和自己約定開了的門，似乎也方便自己偶而回到這條路上休息一下。不過，對現在來說是很辛苦的事，對未來卻是一種休息，好像很矛盾吧。

國道56接著來到大洲，看著大洲的路牌，我卻突然想起，我們在第一家民宿森本屋遇到的佐野先生，我們已經遠離了他位在宇和島的家，不過，真要到他府上打擾，也挺不好意思的。

下午三點左右，我們來到了內子町，這晚要住的地方沒有供餐，我們在這裡的便利商店買好晚餐和明天的早餐。預訂的住宿點名叫「大瀨的館」（大瀨の館），又名「大瀨自治中心」（大瀨自治センター），會訂到這裡完全是因為之前黃金週訂不到住的地方，沒辦法的情況下只好亂訂的結果。

那時接電話的阿姨知道我們是外國人後，便很擔心地問我們是否可以接受沒有供餐，房門沒有鎖，房間裡沒有衛浴等情況，雖然她的顧慮對外國人來說確實比較不習慣，但我們一路住到現在，早就對這樣的住宿情況習以為常了。我回答都沒問題後，阿姨似乎考慮了一會兒才受理了我們的預約。

而M後來在雜誌上看到了這個館的介紹，說它是一間古蹟，同時是諾貝爾文學獎得主大江健三郎的資料館——大瀨正是大江先生的出生地，大瀨的館的一樓是作為展示場和交流廳，二樓有提供簡易宿泊。

基於訂房時阿姨擔心的口吻，加上雜誌上提到了「古蹟」和「簡易宿泊」的字樣，我於是有點擔心，不曉得那會是個怎樣的住宿點，也不曉得所謂的簡易宿泊會有多簡易。

快到大瀨時，有一位騎機車的阿姨停下車來，塞給我和M一人一把糖果和五百圓，我們第一次拿到別人接待的現金。走到這裡的我們已經很疲勞，得到她的接待，好像是被摸頭說乖了。

五點時，我們終於來到大瀨，或許是因為這邊已是個觀光區，雖然地處偏僻，但路面修整得很好，路旁也有很多看得出年代已久但被悉心保存的老房子。

沒多久我們抵達大瀨的館，但沒人在，輾轉打電話找到管理員阿姨。阿姨拿著鑰匙來帶我們上樓。

上樓後，看到館內的環境，原來和我想像的完全不一樣。這裡雖然是古蹟，但其實內部已經全都整修過一遍，二樓有被紙門隔成三間的和式房，既新又寬敞，阿姨幫我們安排在進門左側約十二疊的大房間，棉被、枕頭和床褥則是無可挑剔地乾淨鬆軟。房內的書架上擺滿了大江健三郎和赤川次郎等作家的文庫本，另外一間起居室則提供了熱水和咖啡，還有很多衣架可以用。

除此之外，浴室和廁所也很乾淨，熱水還是由電子面板控制的，我原本擔心的問題根本是多慮。二樓同時還有廚房和冰箱，可供住宿者自行使用，雖然不提供食材，但烹調用具、餐具和調味料一應具全。阿姨帶我們看了洗衣機的位置，和收了一個人三千圓的住宿費，並把鑰匙交給我們之後就走了。今天晚上這整棟館就是我和M的了。

以前單純只是想要有自己的浴室就以為是公主生活的我們，今天更是升天了般，我們居然有了一整棟可以自由使用的房子。

書房
洗臉台
好多衣架
有電暖桌
key
大江健三郎
唯一房客
大瀨の館
泡茶泡麵皆宜
唯二房客

晚上靠在暖被桌旁看電視，然後再鑽進蓬軟的被窩睡覺，能在大瀨的館享受一個自由自在的晚上，真要感謝這個黃金週，要不然在正常的情況下，我們應該不會訂到這個名字看起來不像飯店也不像旅館的地方。

久萬高原

在大瀨的館的那晚，我作了一個關於遍路的夢，我在夢中一直在找要入住的旅館，然後一位穿白衣服的阿姨突然出現，她便帶我到當天要住的地方，接著隔天又一直走一直找，白衣阿姨又出現為我帶路……，這個夢讓我很累，總是不停地在走路和找路，所幸每天的最後阿姨都會來相助。

莫非這也是一種同行二人，背後的領隊在我的夢中現身了。

從大瀨離開時是個大好天氣，我們計畫登上久萬高原，往四十四號大寶寺的方向前進。不過，從大瀨往久萬高原的路線有二條，一條是繼續走國道379，然後走鴇田峠遍路道；或是國道379接國道380，然後走農祖峠遍路道；或是不走峠道，沿國道380走大馬路，但需多走七公里左右。

原本我們還邊走邊猶豫要走哪條路，途中就遇到一段兩百公尺的上坡山路，沒想到我和M都走得很喘，M納悶著今天的體力狀況為何如此虛弱？

於是我們打算放棄比較短的峠道，就算走國道比較遠，還是好好地走國道就好了。做了這個決定後，心中對爬山的擔心消失，步伐輕快了起來，我想我可能有點山路焦慮症了。

這晚住在久萬高原上的旅館，和一位之前在海坊主飯店遇見的歐吉桑同住，他一看到我們就問說是不是之前在哪裡見過，然後歐吉桑和我同時想到是在海坊主飯店。遍路者間有時會這樣子互相詢問，之前可能在哪裡見過面，之後再相逢時，大家就會如此自我介紹。

隔天，我們打算參拜完四十四號和四十五號後，再從四十五號折回，在同一家旅館多住一個晚上，這麼一來，這天就不用背行李移動。

第四十四號大寶寺距離旅館只有一公里，它的位置像是被藏在的山腳下，寺附近的古樹參天，更增加了寺的隱密性。相傳大師巡錫至此時，曾在這裡修練《三密瑜珈密法》。

從四十四號往四十五號的路，也有步道和車道之分，雖然今天不用背行李，但還是不想爬山，於是出了第四十四號，我們決定直接走縣道12，就算路上出現多少個捷徑路標，都要不為所動地走車道。

中午以前我們就抵達了岩屋寺的入口，從這裡還要爬很多樓梯和坡道才會到達岩屋寺，寺院建築是蓋在岩壁上，在八十八所寺裡顯得很特別。雖然在山壁上建的寺，它的山號卻名「海岸山」，原來，空海大師曾歌詠這裡是高山中可見谷裡的朝霧，而朝霧就如海面波浪，因而得名。

這樣的高原山道，也是空海大師的苦修路線，我這才實際感受到當年大師環繞四國巡錫之旅的空間意義，現在的我們可以依著指標前進，有鋪裝良好的道路，一路上還有民宿、餐廳、便利商店、遍路小屋等設施對遍路者呵護備至；但當年的大師，是依循著什麼指標前進呢？是天之涯、海之角，是沿著岸邊的魚路、米路，或隨著他的經過所開出的小徑？成為開路者所領略的風景是什麼？我有點兒好奇了。

我們在這裡又遇到中村小姐、一少、藤井小姐等人，原本以為我們太慢，不會再見到大家，沒想到今天能和大家在這座寺裡大集合，看到對方時，彼此都驚訝地說著好久不見。

也許是這天來回是走一樣的路，天氣又非常炎熱，走到後來自己心浮氣躁又不耐煩，這種情緒更成為我這天下午心情的主要成分。

於是晚上寫日記時，我思考著不耐煩這件事。回想起這一陣子以來每天的生活，日子像是個周而復始的迴圈，洗澡、吃飯、寫日記、睡覺、流汗走路、洗澡、吃飯……，每天都這樣過，但有時不耐煩的感覺就會浮出心裡，不耐煩之後該怎麼辦呢？不耐煩是一種沉淪的力量，還是一種成就的力量呢？是該捨棄的感受，還是該忍耐的感受呢？

儘管遍路對我來說是一個新鮮的經驗，然而在經歷的當下，仍免不了對其中不斷的循環心生抱怨，抱怨或許是難免的，或許無視它也無所謂，只要還走得下去就行了，反正再過不了幾天就走完了。

遍路畢竟是條有跡可循的道路，就算我倦了，休息之後，還是可以重新回到軌道上，再往下一個目標邁進。不過若是把問題丟回到人生路，對某階段的人生感到煩膩了，覺得煩了之後，該怎麼辦呢？我是不是有沉住氣的勇氣？或是有休息的勇氣？又我是否總能在忍耐或休息後，知道往下一步的目標在哪裡？

只要把問題一想大，就收不回來。相比之下，遍路真的幸福多了，單純的道路，單純的目標，就算累了想休息，還是接得上未來的路，終點也能清楚辨識，也曉得這一切有完結的一天。如果人生也如此就好了，是不是呢？

遍路至此，我反而迷惘了起來。

我們是人，就要走給人走的路

這天是要前往松山市的日子，一早離開旅館後，我們就沿著國道33走，步行了八公里左右，來到了三坂峠，這裡是松山市附近很有名的遍路古道，我們也看到當地以這段路健行為號召，辦了一日遍路道的體驗活動海報。

但是，地圖上仍可看到國道33接到下一座寺院的走法，所以我們到了分叉路口時，還是不敢輕易挑戰山路而選走國道。

不過國道33在過了通往三坂峠的叉路後，馬上變臉，原本鋪裝良好的人行步道瞬間消失了，路面也漸漸變窄，不管我們走左邊或走右邊都不太對勁，且車流量相當大，我們選定了一邊，就只好繼續往前走，不敢隨便穿越馬路。

偶而在馬路旁可以看見山下的景色，陡峭的山谷就在腳旁，從海拔七百多公尺的高原邊上往下看，不免雙腳發軟。

在這條路上走路非常緊張，或許是這段國道是松山市通往久萬高原的主要道路，載貨用的大卡車絡繹不絕，看著迎面而來的卡車，我們得靠到馬路的邊邊行走，只差沒走進水溝裡了。

我只能說這段路果然不是給人走的，它是條很認真的車道，我想路上經過的車看到我們兩個女生在走，也會很困擾吧。此時我第一次有了早知道就乖乖走山路的想法：我們是人，就該好好走給人走的路，別任性以為車道肯定好走。

但此時已無法回頭，雖然走得心驚膽顫，仍不得不加快腳步，一心只想趕快離開這段路再說。

在國道33又步行了七公里後，接上了大久保農道，總算擺脫剛剛車道上的恐慌。沿著農道繞行了好久，我們才來到這晚預訂住宿的長珍屋。

本來我們這天打算一口氣走到道後溫泉，然後隔天放一天假，在松山市玩玩逛逛，但後來又想到與其這天趕長路，隔天休息一整天，不如把兩天的行程分攤一下。這種分法雖然很像朝三暮四的猴子，其實怎樣走不是都要走，不過總覺得兩天都可以早點休息的這種方式心情上兩天都開心，似乎比較划算。

在長珍屋放了行李，我們便到位在旅館對面的第四十六號淨琉璃寺參拜。淨琉璃寺是由行基菩薩開基，待空海大師巡錫此地時已荒廢，大師於是重建寺院，並將之定為靈場。院內除了有許多關於遍路的俳句碑可以欣賞外，還設有多座靈石，如可健腳及祈求交通安全的佛足石、增益智慧的佛手石，巡繞寺境肯定增加不少身心能量。

離開四十六號後，我們直接到四十七號八坂寺，兩間寺院相距不到一公里，八坂寺應該是近期才剛翻修過的，外觀很新，但事實上這座寺開基於奈良時代的役小角，他是日本修驗道的始祖，此地一直都是修驗道的根本道場。修驗道為日本傳統山岳信仰結合佛教所衍生出的宗派，它於奈良朝開創之後，在平安時代日漸盛行。八坂寺的本堂和大師堂間有一座閻魔堂，裡頭的小道兩側畫有地獄與極樂世界的巡禮圖。

出了四十七號，我們在路邊買了些橘子回旅館。愛媛的名產就是橘子，這可能是我對四國最早的印象。記得以前看日劇《東京愛情故事》，完治的故鄉就是愛媛，家人會寄橘子給他。順道一提，當初日劇在愛媛取景的地方，有的離遍路道不遠。像是完治的學校是久萬高原町的久萬中學；完治故鄉的神社則是大洲的大洲神社。

不過，愛媛橘子的品種非常多，有的很甜，有的卻很酸，我以為看起來比較小，皮比較薄的一定就甜，但好像也不盡如此。反而是之前在德島買的愛媛橘子，吃起來非常香甜多汁。

6 行程過半，我們已對里程數有了新的理解。一百二十七公里以我們的腳程來說，大概等於四天的行程。　／**7** 龍光寺本堂上方的稻荷神社。每年三月的第一個星期天，都會舉行稻荷大祭。　／**8** 大瀨的館是以明治時代中期的建物改建，大江健三郎出生的家就在附近。

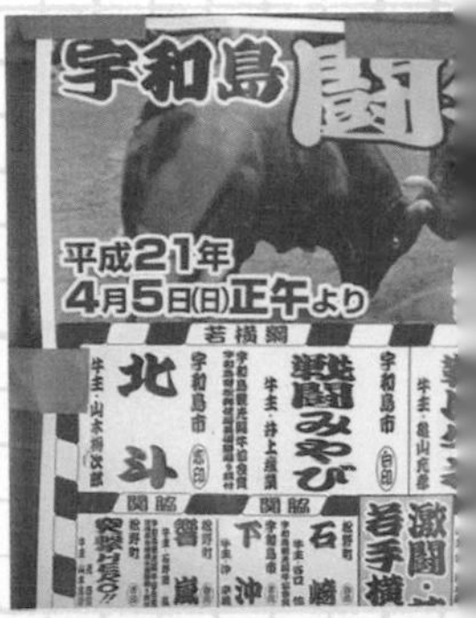

1 在山上迷路比在平地更恐慌，因為周遭的地貌都很像，附近又沒有人可以問路，還好能找到來時路，順著走回去終於找到路標。 **2** 途中經過的遍路小屋，這座小屋可供野宿者在此留宿一夜。 ／**3** 宇和島著名的地方活動就是看鬥牛，但看起來和西班牙的人鬥牛不太一樣，而是牛鬥牛，牛的相撲比賽。 ／**4** 明石寺內高聳的夫婦杉。 ／**5** 五月已是石楠花的季節，當我們抵達橫峰寺時，花兒們已熱情綻放。

再訪松山城

隔天早上，我們就要走到松山市中心了，想想我們剛出發時還認為道後溫泉是個超級奢侈的話題，卻是我們這天的行程。雖然路都是自己走過來的，但還是覺得不可思議。

從長珍屋出發到第四十八號西林寺，然後一直到五十一號石手寺，全長約十三公里，也就是說這段路上寺與寺間距離不遠，大概都是約二至三公里的路程，且多在城市裡的巷弄間穿梭，地圖幫不了什麼忙，得靠路標前進。

第四十八號西林寺的傳說也和水源有關，該寺由行基菩薩開基，之後大師巡錫此地時，見居民受乾旱之苦，大師以錫杖杖地祈願，地上突然冒出泉水，這股清泉的遺址，就在寺西南方三百公尺處。第四十九號淨土寺也如熊谷寺一樣是和唐混和的建築風格，古典厚重。第五十號繁多寺位在松山市的淡路山的中腹，被稱為松山市的水瓶地帶，附近散落著許多水池。

在繁多寺參拜時，我們遇見了好久不見的澳洲人大衛，原本他打算走到三十號而已，但之後他又決定繼續走下去，他說他走得很慢，偶而腳痛，偶而感冒，沒想到會再遇到我們。但我想遇到是有可能的，我們也常拖拖拉拉。且今天我們下午就收工，以後應該更遇不到大家了。

第五十一號石手寺被稱為「國寶寺」，離道後溫泉很近，其有厚重編織造型的仁王門，便是國寶。此外本堂、三重塔、護摩堂、訶梨諦母堂和鐘樓，都是重要文化財。

離開五十一號，接著是半天的觀光客行程。M是第一次來松山市，我先帶她去松山城。由於此行每天都得步行三十公里上下的路程，當我再站在松山城上眺望著山下的平原，心情和上回來這裡觀光時不同了。此刻在這裡看到的遠方，其實都是可以走得到的地方，那麼它們到底是遠還是近呢？我慣有的城市人距離邏輯，因為遍路經驗而混亂了起來。

隔天早上，在松山市的人郵局把剩下的旅行支票給換完，再搭了一段電車到離遍路道比較近的地方，下車後沿著國道196，再接縣道40，之後跟著指標走，就抵達第五十二號太山寺，太山寺的山門後快就到了，但是到了山門後還要爬一小段陡坡才會到本堂。

太山寺的起源約在西元六世紀末，當時在瀨戶內海航行的商船在快到松山的海域，受到暴風雨侵襲。船主真野長者在危難之際念著觀音菩薩的聖號，此時，原本烏雲密布的天空，突然出現一道光，這道光是從陸地上的某座山頭發出來的，於是船受到光的導航，平安靠岸。

隔天，真野長者找到那座發光的山頭，在山上發現那裡有一座小草堂，供奉著十一面觀音。長者為了感念菩薩的救助，花了一個晚上搬運了材料，組建了一座小寺。現今的太山寺境內，還有一座真野長者堂。

第五十三號圓明寺的位置就在民家聚集的路邊，寺內藏有所有八十八靈場中「最古老的納札」，投納札的人是一位來自伊勢的木材商樋口家次，於慶安三年（即西元一五九八年）至圓明寺巡禮時留下的紀錄，現在已成為寺寶。

這天的天氣非常熱，離開圓明寺，沿著海邊走了一個下午，繼續被強烈的日曬攻擊。今晚同宿的遍路者是一位東京來的爺爺，他的氣質溫文儒雅，像是位很有學問的讀書人。

墓園巡禮

隔天早上，我們接上國道196，這段也是沿海岸線而建的路。早上剛出門時，只要是好天氣、海岸路，都會覺得世界很美好，遍路很美好；但一過了十點半，好天氣加無遮蔭的海岸線馬上就成了一種折磨，實在是太熱了。四月時每天都得穿著的外套，現在只能塞在背包裡，於是肩膀少了外套的保護，背包還加了外套的重量而更沉重。

行遍路時，不管所有的事情都得考慮清楚，自己要對自己負責，想要生活方便而多帶點行李，自己就要想辦法背好它們；在路上想多買東西，也得考慮是不是背得動，還是多花點錢寄回家，還是忍耐不要買；走路也是，上午走太快太趕，下午就沒體力，上午拖拖拉拉，下午就得趕路；行程也是，今天排少，明天或後天最好還是補回來，不然最後就多花點錢，追加日程。而在這些得失之間，沒有絕對的正確和錯誤，只靠自己作主，後果也自己承擔。

人生好像也是這樣，只是真實人生的時空感太遼闊，使我們很容易散慢拖拉；反而在遍路這條人生的模型道上，才清楚地體悟了這種純粹的本質。

途中經過菊間町，這裡到處都是製瓦廠，昨晚認識的東京爺爺在這裡仔細地拍照，他告訴我們四國寺院用的瓦，大多是從這裡生產的，有些瓦廠還堆放了標明要送往淡路島或是大阪等地。

下午快三點時，我們抵達了五十四號延命寺，不過到寺時，東京爺爺早已經到了，他後來一直沒看到我們，很擔心我們會迷路，剛到寺時還問了寺裡的人我們來了沒，等我們出現時，他才安心。

延命寺由行基菩薩開基，之後嵯峨天皇勅願空海大師整建此地，定為靈場。這裡本名圓明寺，但和五十三號撞名了，在明治年間才改名為延命寺。這座寺曾多次遭逢祝融，但寺內供奉的本尊不動明王都未受波及，使其被稱為「火伏不動尊」。

離開延命寺，往五十五號南光坊走，得先穿過一座小墓園，再繞一段山坡路，接著就來到一座火葬場，而我們行經此處時，剛好有一台靈車開進去。

過了火葬場，來到一座非常大的墓園，可能有數千座的墓安葬於此，規模甚大。這讓我有誤闖了另一個世界的錯覺，我以人類之姿，四肢完好、行動自如的經過這麼多過往生命的封存地，對那個世界的靈魂來說，這是不是一種奢侈的存在？身而為人，可以思考，可以實現自己想做的事，應當好好把握。

在生與死的交界行走，我本該有更多的感觸，但此時的我已快被太陽曬昏了，只能啞然地看著四周這屬於另一個世界的大聚落，繼續前行。

第五十五號南光坊離今治車站不遠，它就像是當地居民的公園，與大山祇神社毗鄰而居。南光坊也是八十八靈場裡，唯一被稱為「坊」的寺院。

這晚東京爺爺和我們住同一家飯店。隔天退房時，東京爺爺先上路了，他請旅館的工作人員轉達他對我們的加油之意，我們短暫的相遇一直受到他的關懷，非常感謝。

隔天一樣是個迷死人的好天氣，今治的遍路標示的非常好，就算是直行道，也不時有各種路標提示，像是在呵護著遍路者，但也可能是因為路標太仔細，我反而覺得當地人看起來表情比較冷漠。

還記得在三十五號附近那個路標很讓人困擾的土佐市，那兒的人看起來就親切很多，他們都有一種隨時被問路，甚至主動停下來指路的熱忱。

第五十六號泰山寺建在蒼社川附近，這條河在古時候經常氾濫，空海大師巡錫此地時，為此地修築堤防，並以修密法加持，在此開基建寺。泰山寺的宿坊「同行會館」，在遍路圈中極受歡迎。

第五十七號榮福寺是空海大師為了祈禱海上安全而開創，它位在田園小徑中，寺內清幽安閒。

第五十八號仙遊寺位處標高三百公尺的山坡上，那裡可以眺看今治市全景及瀨戶內海的風光。在徒步的參道中途，有一座大師加持的靈泉水，據說有治百病的神效。

第五十九號國分寺，就是古代伊予的國分寺，這座寺有段苦難的歷史，十世紀的藤原純友之亂、十二世紀的源平合戰、十四世紀的細川賴之舉兵、十六世紀的長曾我部元親和河野通直之戰，皆慘遭戰火波及。現今寺址的附近挖掘到古時七重塔的礎石，已被定為國家級的史蹟。

過了五十九號，這天的行程便結束了。隔日要前往的第六十號是座難所，而上山的路有好幾條，但只要一看到有車道可以走，我的膝蓋就很自然地慫恿我向車道輸誠，而且此時M也說了：「看到山路時，請把我們當作車子看待。」

靠巴士渡過難所

離開飯店，我們沿著國道196走，依著這條路線的順序，我們會先到達第六十一號，而六十二和六十三又與六十一相當近，所以我們就決定先去參拜六十一到六十三的寺院。之後再走國道11，接上縣道142往第六十號橫峰寺的車道，這樣是比較順路的走法。

當我們到達第六十一號香園寺時，雖然我們已經站在寺的面前，卻一直不曉得寺在哪裡。原來香園寺的本堂是一棟鋼骨水泥的現代化建築，和其他的寺院長得完全不像。它的一樓是一座大講堂，二樓是本堂和大師堂，地上有三層樓，還有地下室，是一座可以容納一千人的建物。

香園寺的本尊供奉大日如來，但它也是空海大師為祈求女性安產的而定下的靈場。參拜完六十一號，我們經過了預訂的旅館，於是先進去寄放大行李，之後再輕裝上路。

第六十二號寶壽寺同樣也是祈求安產的寺，空海大師當時依光明皇后的形象刻了十一面觀音作為本尊供奉於此，因此寶壽寺的觀音也有「安產觀音」（安産の観音様）之稱。

第六十三號吉祥寺是由空海大師所建，當時大師巡錫此地，發現了一塊發著金光的檜木，於是大師將這木刻成毘沙門天和其脇侍，並建寺供奉。它也是八十八靈場內唯一一座本尊供奉毘沙門天的寺。

參拜完六十三號吉祥寺，我們從寺前的國道 11 轉到縣道 142，在這個十字路口上正有個往六十號橫峰寺的方向指示牌，但指示牌上表示從這裡往橫峰寺還有十六公里，我看到這個路牌時心裡被嚇了一跳。

雖然我們之前就看好地圖，打算走車道，但是那本地圖是給徒步者使用的，對於車道部分的里程數往往不會標的很清楚，我也只是用其他的相對距離來估算，便一直以為從六十三號走車道上六十號只要十二公里而已。

當我看到路標顯示是十六時，心想那來回不就是三十二公里了嗎？早上從飯店一路走到六十三號，也花了一些時間，現在已經是十點多，依現在的狀況再走三十二公里的山路車道，那回到旅館時應該是天黑了。當我一想到此，只覺得心情很沉重，我想路標可能不是真的，那是給車子看的，但，我們不是就是要把自己當車子看待嗎？

公里數往往是遍路者的一個迷思，成為一個步行遍路者，我們的手上和眼前會接觸到各種版本的地圖和路標指示，但是就算同樣是從 A 點走到 B 點，標示的里程數常會不一樣，有時明明是同一段國道，結果標出的里程也會不同。

雖然路牌看起來很堅定的樣子，我仍說服自己那不是真的，而地圖上也標出了在縣道 142 轉成縣道 12 的叉路旁，有個往橫峰寺的巴士站；我對於巴士情報一無所知，但如果那裡真有公車可以直接坐到橫峰寺，那或許可以成為今天的依靠。

縣道 142 走起來有點無聊，沿山而建向上蜿蜒，轉過來又轉過去，沒什麼可以拿出來說的風景，看起來就是單調的產業道路。路上的車不多，但不少都是開車的遍路者，如果他們現在有誰可以好心停車載我們一程，我一定會馬上說謝謝，然後乖乖上車坐好。

此時的我們，已經達到一個既無法抽離又無法停止，所以怎樣都好的精神狀態，挑戰難所的雄心壯志早在德島結束後就用完了，對於眼前的這座難所，不管如何，只要一切可以早點結束就行。

走著走著，來到了一個廣場，廣場上的小房子上面掛著瀨戶內巴士橫峰寺乘換所的招牌，啊，原來真的有巴士站耶！我們一走進去，正在找它的發車時間表和票價等訊息時，賣票的大叔已經在問我們是單程還是來回，來回一千七百圓，我們馬上乖乖付了錢。

我和M買完票，還在想不曉得要等多久時，賣票的大叔就指著廣場上的小巴士叫我們上車了。我始終沒搞清楚這種巴士的班次是怎麼運行的，可能是因為橫峰寺的山道大型遊覽車上不去，團體客得要在這裡換乘這種小巴士，當時我們確實是和一群團體客一道上山了。下車時，司機和我們說待會兒也要坐這班車下山，請我們和這些團體客一起行動。

橫峰寺地處七百五十公尺的山坳，位在西日本最高峰石鎚山的中腹，古時曾被認為是八十八靈場中最大的難所，但現在山路建有林道，比以往便利許多。此寺於七世紀中葉就已開基，之後行基菩薩及空海大師都曾巡錫至此，大師曾在此地修法，並指定此地為靈場。

寺裡開滿了石楠花，我們抵達時正是五月份的花季，花團錦簇加上團體客的人潮，整個寺顯得熱鬧繽紛。

下山的車程，在車子的搖晃下，我睡著了。不過下車以後，才意識到一切已如自己早上期待的一樣，難所提早結束了。此時我和M都有點兒恍神，坐在巴士站的椅子上發呆。

走回旅館的路上，還是感覺這天的進度好快，因為不是本來就打算坐車上去，但當我們這麼方便地靠車完成這段遍路，儘管是付了錢買了票，卻仍覺得這段巴士對我們而言是一種接待，它輕鬆地化解了我們一路的焦躁。

今晚在旅館小松的晚餐是豪華的火鍋，同住的人大多是遍路者，有些人明天才要去第六十號，有些人今天已經去過了，大家邊吃飯邊交換著路線的資訊。

不過由於我們日文不好，沒有什麼人和我們討論路線的問題，還好是如此，不然講出我們是不小心坐了巴士上山，那真有點不好意思。

小學老師現身相助

隔天一早，我們出發前往第六十四號，不過，前一天雖然沒有走太多路，我腳上的水泡卻變得更嚴重了，以至於步行時老是腳很痛。

第六十四號前神寺是真言宗石鈇派的本山，此派側重山岳信仰，每年七月一日，石鎚山開山時，前神寺就會群聚許多白衣者，準備登山修行。而這座寺也是登山安全祈願的寺。

過了第六十四號前神寺之後，就沿著國道11前進，穿越新居濱市，來到了四國中央市，下午四點多，抵達了預訂的松屋旅館。我們在這裡又遇到海坊主歐吉桑，還有一位看起來很像山友的歐巴桑，我們後來稱她為荒野派阿姨，和一位看起來很嚴肅的歐吉桑，這三位將會是我們接下來幾天經常遇到的旅伴。

隔天要離開松屋旅館前，老闆娘要我把地圖拿出來，她拿著地圖一步步地和我們分析待會兒的路況，她提醒我們在路過哪一家便利商店時，要記得買點食物當午餐；也告訴我們地圖上的哪裡和哪裡記得要注意哪些地標，然後要在哪裡哪裡轉彎。

說實話，我只有聽懂百分之六十，剩下不懂的部分，也只好等走到了再說。

我們接上國道11直行，在一家便利商店附近又遇到了澳洲人大衛，他昨天要去河邊洗手，不小心滑倒，被石塊給刮傷，血流不止，還是路過的司機送他去看醫生。

大衛讓我們看他包紮住的傷口，在右小腿的正中央包了一大塊紗布，腿顯得有點兒腫，紗布裡還能看到藥水塗物，根據他形容的傷口長度我想一定很痛，不過平常野宿的他昨晚在旅館休息了一夜後，他想應該可以繼續走。

我們依民宿老闆娘的提醒，在便利商店買了午餐，然後繼續往前。走著走著，國道11突然一分為二，我們依著地圖選了右邊的那條，但沒走多久就看不到遍路箭頭了。

正當我疑惑地找路，又不停地對著地圖時，有個先生從對面的馬路走過來，他問我們是不是要去第六十五號三角寺，我點點頭，接著他說他也要往那個方向走，可以陪我們走一段。我剛剛在找的路牌依然沒有找到，只好跟著那位先生走。

過一會兒他從背包裡拿出了紙筆，然後不停地在紙上畫畫。我看到紙的背面是張考卷，原來他是附近中曾根小學的數學老師。

他在畫的是往三角寺的地圖，等我們走到一個路口，他就把地圖給我們，並說明了一番，然後就和我們說再見，往另一個方向走了。

依著他簡單的地圖，很快地找到了三角寺山下的銅山川發電所，還在這裡遇到了海坊主歐吉桑，他問我們走到這裡時有沒有迷路，他繞了好久才走到這。原來這裡是段路標不清的地方，所幸遇到突然現身的小學老師相助，讓我們順利通過這個路段。

我不禁覺得，是不是背後的領隊對於我們在愛媛縣頻頻迷路有點看不下去了，於是在這段很容易搞混的路段，很自動地安排好路人來指引我們。

三角寺是愛媛縣的最後一座靈場，它位在標高四百八十公尺的山上，大師堂和本坊間有一座小池，池上有一座三角的島，據說空海大師曾在這座三角島上築護摩壇，調伏邪魔，寺的名稱由此而來。三角寺同時也是櫻花的名所，秋天的紅葉也很迷人，古來的俳句家造訪此地時，都留下歌詠此地美景的短句。

我們又在這裡遇到了大衛，小腿傷成這樣還是爬上來了，我再次佩服他。他說我們在遍路者間很有名氣，常常聽到有人和他談到我們，我想被談論的不外乎我們是外國人，還有行李看起來很重這些話題吧。

離開三角寺的下山路，我們又認識了一位栃木縣的女生和另一位歐吉桑，他們兩位是連「別格二十所」也走的遍路者，栃木女生是個運動型的女孩，身手矯健，手臂看得出肌肉，個性也很爽朗帥氣。

四國除了八十八座靈場之外，另有二十座別格靈場，也稱為「番外靈場」，這些靈場各自有與空海大師有關的淵源傳說。有些遍路者會選走兩者相加的一百零八座靈場，步行的遍路地圖也標出各自的走法。

下了山之後，我們接上國道192。國道192在穿過境目隧道後，就來到了德島縣境，也就是說我們已離開愛媛縣，菩提的道場就這麼結束了。

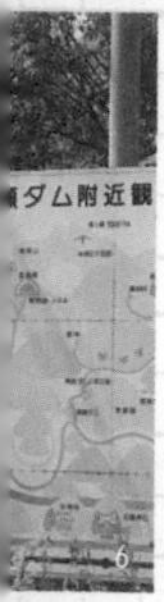

6 看了這個路牌，更加確定可能有巴士可坐，這時我們幻想著待會兒能靠巴士解決這座難所。　/**7** 第六十一號香園寺是現代化的建築，使得原本不知情的我們來到寺門前，還在找寺在哪裡？　/**8** 三角寺巧遇一對父子遍路者，小朋友的心經念得很順暢，可能未來也是一位寺院的繼承人。　/**9** 再次登上松山城，眼下所能見的範圍，我都可以靠雙腳走過去，如何是遠，如何是近？我已分不清。

1 走國道 33 下山是一場震撼教育，讓我反省不該老是想走車道。一路上沒有可以休息的地方，直到來到這座葛掛五社神社，才坐下來安撫一下剛剛緊繃的身心。　／**2** 岩屋寺沿著岩壁建立，在八十八座靈場之中獨具特色。　／**3** 菊間町還有座太陽石油煉油廠，廠區很寬闊，從遠處看那個油廠，很像科幻卡通裡的某個科技基地。　／**4** 第五十一號石手寺裡，有來自八十八座靈場的砂土，摸著砂包，繞行一圈，像是遍路中場的小巡禮。　／**5** 這條路上全都是墳墓，穿越其中，我們好像打擾了正在休息的靈魂。

南無大師遍照金剛
同行二人

Chapter 5

涅槃的道場——香川

佛家說，
涅槃是一種沒有痛苦和煩惱的狀態。
能達此境，
乃因凡所有事，皆已經驗，
風雨塵土、日月變換，早已了然於心，
於是痛苦無妨，煩惱無礙。

香川的路，正是如此，
節奏輕快變換，
唯有一路走來的遍路者，
才能跟上拍。

66 雲邊寺
67 大興寺
68 神惠院
69 觀音寺
70 本山寺
71 彌谷寺
72 曼荼羅寺
73 出釋迦寺
74 甲山寺
75 善通寺
76 金倉寺
77 道隆寺
78 鄉照寺
79 高照院
80 國分寺
81 白峰寺
82 根香寺
83 一宮寺

84 屋島寺
85 八栗寺
86 志度寺
87 長尾寺
88 大窪寺

香川

岡田爺爺的晚餐秀

第六十六號雲邊寺位在德島縣和香川縣的交界，也是一所要爬山的難所，而且是八十八所裡海拔最高的一間寺，所以我們依著遍路道先來到德島縣的三好市，住在雲邊寺的登山口旁的民宿岡田，然後隔天就直接爬山。

過了隧道，再走不到兩公里，就到了預訂的民宿岡田。岡田爺爺出來接待我們，他看起來可能有八十歲了，身體還很硬朗，講話很有元氣。

他給了我們一樓最前面的房間，這個房間的位置不錯，旁邊有落地窗，讓我們曬衣通風很方便，另外還有兩個門，後方的門直通浴室和廁所，不過只和另一間房間的客人共用廁所，也不太吵。

洗澡時我才發現我右腳底長了一個比十圓硬幣還大的水泡，而且水泡已呈紅色，因此可能要叫它血泡才對。看到它時我嚇了一大跳，原來這兩天腳那麼痛都是在醞釀它，但隔天又要爬山，這下真是什麼事都湊在一起了。

不過或許是一路上長水泡長到麻木了，看到了新鮮的血泡，與其說焦慮，不如說是達到新境界的興奮，很想趕快和別人分享，媽媽打電話來時，還要馬上和她報告。

到了晚餐時間，大家到餐廳用餐，今天住在這兒的一共有八個人，一張長桌，大家面對面坐著，除了我們之外，下午遇到的栃木女生和藤井小姐都住在這裡，另外還有一位年輕男生和三位歐吉桑，據岡田爺爺說這樣已經客滿了。

難得今天有這麼多年輕人聚在一起，還蠻少見的。大家聊得很熱烈，年輕男生和老闆聊，歐吉桑彼此乾杯，栃木女生則和我們聊起台灣的美食，也聊了江口洋介的那部日劇。

之後栃木女生和藤井小姐聊起了澳洲人大衛，大家也都加入了這個話題，連岡田爺爺也說剛剛他才來過這問住宿的事，只是今天客滿了，所以沒辦法收留他。大衛才說我們被遍路者討論，其實他這會兒也被熱烈地談論著。

餐廳不大，牆壁上貼滿了岡田爺爺和遍路者拍的相片，甚至還有和演員片岡鶴太郎的合照；除了照片外，還有一些遍路者寄來的感謝明信片，使整片牆看起來很熱鬧，充滿了岡田爺爺和遍路者之間的情誼。

我們吃到一半，岡田爺爺拿出了一些影印的紙發給大家，一人兩張，原來一張是從民宿往第六十六號雲邊寺的山路圖，另一張是從雲邊寺到第七十號本山寺的地圖，地圖是用簽字筆手繪的，經過岡田爺爺的介紹後，一切就變得很容易理解了。

是的，接下來就是岡田爺爺的 Show Time，他先讓我們看第一張地圖，接著口沫橫飛地解釋我們明天一早要走的山路，他對這一帶的路瞭若指掌，不停地說著走到哪裡時會看到什麼，還有經過哪裡時要特別注意，因為路牌很小，一不小心會錯過，或是哪裡的哪一隻路牌是他去設的，大家乖乖地跟著圖聽他講，岡田爺爺的口氣非常幽默，雖然只是在講解路況，卻讓人感覺像在聽單口相聲。

第二張地圖上，岡田爺爺標了很多注釋，在講解地圖時，他叫大家特別注意：「來，我們現在看到注一……」然後大家就會跟著看到注一，他講著注一的重點，有的住客也跟著抄起了筆記，記下哪裡的路牌有錯，哪裡有好吃的烏龍麵。大家不時會和岡田爺爺提問，整個場子非常熱鬧又好玩。

講解完地圖，岡田爺爺又拿出一張遍路大使證書、遍路小徽章和遍路紀念郵票給大家看，證書和徽章是NPO「遍路接待Net Work」（遍路とおもてなしのネットワーク）等遍路團體共同頒發的，郵票則是郵局發行的四國遍路郵票，在四國的郵局買得到，共八十八張，一套日幣八千八百圓。岡田爺爺讓我們看這些東西是想藉此來鼓勵和祝福我們，只要再堅持幾天就能結願了。

隔天早上吃早餐時，岡田爺爺再次給我們驚喜，他發給我們一人一包便當，好讓我們在山路上吃，不怕肚子餓。而M畫了一張畫，把昨天岡田爺爺穿著圍裙，帶著袖套，滔滔不絕的模樣都很可愛地描繪下來。我們趁爺爺來房間收錢時拿給他，爺爺果然開心地不得了，馬上拿出去和別人炫耀。

出門時我們還拉爺爺一起照相，爺爺和家人揮手目送我們離開，就算我們走得很遠了，再轉身時還是會看到他們用力地揮著手。

我想岡田爺爺是用愛在照顧著遍路者，也用愛在守護著雲邊寺，就像 Drive Inn 27 的婆婆之於神峰寺一樣。每天送往迎來，而每天都能提供出滿滿的能量，讓勞累的遍路者獲得力氣，再度踏上旅程，而且是開心地、得到祝福地向前走。

昨天有很多同行者，因為太晚預約而沒有訂到這家民宿，而我慶幸著還好有早點預約。我覺得能在這裡渡過一晚是件非常幸運的事，甚至可以說，在人生中能遇到像岡田爺爺這樣充滿熱情，傾出全力照顧著自己想守護的人和事的一位長者，也是我一生的幸運。

看著他的模樣，我希望有一天也能成為和他一樣的人，有著充沛的感染力和體貼，將自己在意的事情再傳下去。

狀況外只顧喝酒的阿伯
歐吉桑
東京支援牛仔褲藤井小姐
長髮男
註一、註二
誰還要飯呢
岡田爺爺的母親
飯匙
医薬
岡田爺爺
地圖
M
小歐
上班族女士

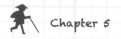

最後一個雨天，菩薩又現身

和岡田爺爺揮別後，我們繼續向前。老實說，我前晚沒有睡好，可能已經習慣對山路焦慮，所以一直作著關於爬山的夢，夢中的山路好長，怎麼也走不完。不過，由於在岡田家太開心，還有從地圖上看起來，真正的山坡土道只有一公里多，並不是太長，因此當我醒來回到現實世界後，雖然睡得很累，但並沒有如夢中憂鬱。

我比較擔心的是此時腳下的血泡，手邊已沒有適合的藥可用，早上起床後只噴了清潔消毒的藥水，然後貼了一塊大ＯＫ繃就套上襪子，還好經過一夜的休息，此時踩在地上已不會太痛，但還是得提醒自己走路小心，儘量別硬去踩到堅硬突出的石塊。

走上坡路雖然喘，但對腳上的水泡來說倒不會太難受，可是下山走階梯時就很痛苦，還好雲邊寺夠高，高到有纜車可以搭，我想或許就搭纜車下山，以減少腳痛的機會。

除了血泡，還有天氣，氣象報告說今天會下雨，同住的遍路者們也都很擔心，昨天還有位歐吉桑說，他這回來遍路只要一爬山就遇到雨天，根本是個雨男。但仔細想想，我們好像也不遑多讓，在德島的難所鶴林寺、太龍寺，高知的難所神峰寺，都遇到雨天。

不過一早還看到晨曦，天空還蠻藍的，我祈禱著要下雨的話可不可以等我們下山再說。

我們跟著指標走，昨天在岡田爺爺教室裡，他提到的重點果真一一出現，分叉路上的小路牌也如他說的很容易被忽略，也看到了岡田家立的路標。

上坡道還蠻長的，山路的一公里和平路的一公里，完全是兩回事，平路一公里只要十分鐘多一點就輕鬆解決，山路卻完全不是那麼一回事，如果又是陡峭的上坡道，那走個半小時以上也是很正常的。

開始起風了，在樹林走路時，風呼呼地響，各種蟲鳴鳥叫紛紛竄起，整座森林顯得很熱鬧，好像有什麼盛會就要開始，大家趕忙著在裝扮自己，嘰嘰喳喳地張羅著。

最後的一小段土道，還算平緩，聽著一波波的風聲，是雨的前兆。過一會兒，終於接上了車道，從這裡再走兩公里，就到達了標高九百公一十一公尺的雲邊寺。

等我們到達寺之後，又是一個大集合，昨天同住的那幾位，還有澳洲人大衛、海坊主歐吉桑、荒野派阿姨、嚴肅歐吉桑都陸續到了。

雲邊寺四周保存了許多老杉，和高野山的氣氛很相似，因而有「四國高野」的美稱。雲邊寺曾是大師十六歲的修行地，他曾在這裡建過一座小屋，之後大師奉嵯峨天皇敕命再上山開設靈場。

參拜完我們和大家一起在休息區休息，此時風更大了，風聲就像是颱風時一樣咻咻嗚嗚的，天色很陰鬱，像是忍了很多眼淚，卻不敢哭。

也因為風太大的關係，纜車停駛了。我原本計畫好的纜車美夢就這樣破碎，只好乖乖地走遍路山道下山。

在雲邊寺上其實就有德島縣和香川縣的縣境分界標，當我們往六十七號方向的下山路走，等於我們已在香川縣境內。

不過這段下山道長四公里多，全都是堅硬的石階，對我的膝蓋和腳掌來說，是很大的負擔。我只能樂觀地想著還好不是走這條路上山，不然一定更痛苦。路上我遇到一名逆打的年輕遍路者，就是爬這些樓梯一路往上。

之前我們在德島看到逆打遍路者時，都為他們感到高興，覺得他們就快可以結願了；但在這裡看到的逆打遍路者，他們遍路旅程才剛開始。和主流的人潮持著相反的期待，可能也是倒著走的人所要面對的辛苦之一。

雖然都是石階，但狀況很不一，有些段落的階距很大，有些段落則是階面上有很多不規則面的硬石塊，我的腳掌偶而會不小心踩到，痛得要命。近中午時，我們終於回到馬路上。沿著下山接到縣道240，接著走到第六十七號大興寺還需要五公里，原本以為下山處會有個椅子可稍坐休息一會兒，但其實什麼都沒有。此時天空已飄起雨來，我們只好繼續往前走。

走著走著，雨越下越大，腳好痠，真想找地方休息一下，而且我還沒有預訂晚上的住宿，所以也得看一下地圖，選個晚上落腳的地方。

縣道240是荒涼的產業道路，偶有民宅，但沒有商店。雨勢更大了，我們給背包套了雨衣，自己則撐傘。我和M都累了，但還是沒有看到能稍坐躲雨的地方。

M此時說，要是現在又有菩薩來救我們就好了。我也是這麼想著，真希望可以有個地方讓我們坐一下，避避雨，吃點東西。

我們走到離下一號大興寺還有一公里的地方，看到一座農家用來放農具的小亭子，裡面只擺了一張桌子，我們決定把行李先卸到桌上，人站在亭外休息一下，雖然在雨中吃便當有點狼狽，但也顧不了那麼多了。

放下行李後，我把岡田爺爺送的便當拿出來，正咬下第一口時，有一位婆婆朝我們走過來。她說如果我們不介意，要不要去她家坐一坐，她家就在路旁。

得救了，菩薩出現了！

我們跟著婆婆來到路旁的房子，她家有很大的院子，房子的屋簷很寬闊，屋簷下有長椅，她讓我們坐在那裡，然後端了茶來給我們喝。

我們一直向她道謝，婆婆則憨憨地笑著。婆婆年紀看起來蠻大了，牙齒也掉了很多。她說她經常會在這裡接待遍路者，從雲邊寺那裡下來什麼都沒有，於是她農閒時，只要看到遍路者經過，都會招待來喝茶坐坐。在和我們說話的同時，她仍注意著路上有沒有人走過來，她說今天下雨，大家很辛苦吧！

我們在婆婆家吃了便當，也預訂了飯店，婆婆又端出咖啡來給我們。咖啡還附糖包、奶精，很像去咖啡店喝上一杯，或許婆婆家裡早有準備一些便利飲品，剛剛的綠茶也是用茶包泡的，這樣只要一有遍路者來，便能很快地奉上飲料。

飯後，M再度施展她的絕技，速寫一張小插畫送給婆婆，婆婆也被畫逗得開心地笑了。知道我們還要上路，婆婆沒有多留我們，喝完咖啡，我們就告辭了，婆婆和岡田爺爺一樣，一直揮著手目送我們離開。

雨還是沒有停，走了一會兒，我們來到了第六十七號大興寺，納經所的大叔看我們的納經本上已經有雲邊寺的納經了，就問我說：「今天纜車停駛，那你們是怎麼去雲邊寺的？」我說：「走路去的。」納經所大叔於是掏出兩塊甜點招待我們。

前晚岡田爺爺課堂上提到，離開大興寺時會看到前方有一個往觀音寺的大路牌，那是給車子看的，他要我們別跟著那個方向走。大興寺一出來會有一條水溝，水溝旁有個給步行

婆婆發現我們的亭子
Help!
Help!
專業級
咖啡
茶
熱水
點心
coffee
TEA
water
茶台
屋內想像
婆婆菩薩
真人大小的婆婆人偶
岡田爺爺飯團

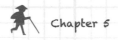

者看的小路牌，要看那裡才對。

我們找到了那個確實一般人較難注意到的路牌，然後跟著指示走，雨勢一陣一陣，時大時小。

一路上的路牌確實如岡田爺爺說的，里程數都標得很怪，他叫我們不要管哪些數字，只管沿著縣道 6 直直走就是了，路程沒有那些路標說的那麼遠。

走到飯店時已將近四點，爬了半天的山路，走了半天的雨路，此刻只想好好休息。

躺在旅館的床上，回想著這一天的經過，雖然淋了雨，腳又很痛，但心裡滿是感謝，託各位貴人的福，讓我們又過了一天像是被菩薩庇佑的好日子。

俳句茶屋

一早在飯店吃完早餐，就出發前往下兩座寺院，第六十八號神惠院和第六十九號觀音寺是鄰居，連納經所都在同一處，兩座寺院如此接近，有一種賺到了的心情。觀音寺是一座古色古香的紅色寺院，本堂還掛了很多祈福的紙鶴；但是神惠院的本堂則是用水泥白牆打造的現代建築風格。

往第七十號本山寺的路上，我和M一路閒聊，遠遠就看到的尖塔，果真是本山寺的五重塔。也因為那座五重塔，本山寺讓人有一種處身在京都東寺的錯覺。本山寺是四國八十八靈場裡唯一一座供奉的本尊是馬頭觀音的寺。

從七十號到七十一號彌谷寺，距離約十一點四公里，是今天最遠的一段路。我們先是沿著國道11走，之後則接上遍路道，跟著指標穿過各個小巷道。

彌谷寺是我之前來四國旅行時就去過的地方，在江口洋介的那部日劇裡曾介紹到寺附近的俳句茶屋，於是很想去看看，後來還在茶屋裡和茶屋的共同經營者土井先生相談甚歡。

彌谷寺位在山坡上，到寺之前，會先抵達俳句茶屋，我一眼就看到坐在門口的土井先生，便問他還記得我嗎？他說：「啊！你是從台灣來的那位。」土井先生果真還記得我。

再登上一段石階，看到了一尊五公尺高青銅製的金剛拳菩薩像，我之前來時就很喜歡這尊菩薩像，這尊菩薩低著頭，像是正與人行禮的樣子，也就是說，當我們登上樓梯後，就會看到菩薩，迎接我們的來到。菩薩謙遜的姿態，提醒著身為人的我們更該柔軟、謙和。

彌谷寺沿岩壁而建，它有著「死靈的寺」的稱號，也是保存著自古以來「山中他界」信

俳句茶屋已有百年以上的歷史，目前是第三代大野姉知子邀友人土井彰一同經營，茶屋裡收藏了遍路者留下的俳句。

仰的靈場。在當地，喪家在四十九日的法事結束後，要將往生者的遺骨、遺髮和牌位帶來這裡供奉。此地也曾是空海大師年輕時修行的場所，之後大師巡錫至此，於此地修法，並將此地定為靈場。

我們回到茶屋，海坊主歐吉桑和荒野派阿姨也剛參拜完來此休息。土井先生請我們喝茶吃點心，他還拿了些世界各地的人寫的俳句來給我們看，有英文的和韓文的，不過，與其說是俳句，不如說是單純的一句話，用外國語文寫，就很難有日文俳句獨有的韻味。

從彌谷寺往下一座寺院走，得走一段鋪滿落葉的山道，有些路段非常窄，窄到幾乎以為沒有路了，可是樹上懸掛的路標卻很堅定地告訴我們這是對的，我們只好跟著走，還好今天沒有下雨，不然這段坡道可能會非常溼滑。

あるがまま受入れてや供養旅
菜の花の凍えて迎える鈴の音

最期待的一天

下了山坡，接回國道11，又跟著遍路標走上農道，再上一點點坡道後，來到了第七十二號曼荼羅寺，曼荼羅寺和第七十三號出釋迦寺很近，只相距六百公尺。上了七十三號，需原路折回，行李可以先暫放在七十二號。

第七十二號曼荼羅寺原名世坂寺，為空海大師的出身世家讚岐多度郡豪族佐伯氏所創建。待空海大師自唐歸來後，在此描繪了金剛界和大悲胎藏生兩部曼荼羅，寺名因而改為曼荼羅寺。

第七十三號出釋迦寺的位置，位在我拜師山上。傳說空海大師七歲時，曾登上此山頂，發願修行濟世，隨即往山下一躍，此時釋迦佛現身，大師則被天女抱住，平安落地。也因此這座寺得名出釋迦寺，並供奉釋迦如來為本尊。大師當年一跳的地方被稱為「捨身嶽禪定」，位在出釋迦寺的奧院。

參拜完七十三號，折回七十二拿了行李，再往七十四號走，大概再步行二公里多就到了。七十四號甲山寺看起來很新，可能是最近才整修過，寺的旁邊就是個砂石廠，有很多巨大的拖吊工具，寺在這些大工具旁，反而顯得嬌小。甲山寺的創建，乃是空海大師在修建滿濃池時，為了祈求工事平安而自修法祈福，待工事順利完成後，大師以朝廷頒發的獎金，在此建寺。

離開七十四號，就要往這天的最後一個行程第七十五號善通寺走去，善通寺是四國八十八靈場中最大的一所寺院，也是空海大師的出生地，善通寺便是以空海大師的父親的名字佐伯善通來命名的。

越靠近善通寺，就越感受到一種青春的氛圍，一群練田徑的青年從我們身邊跑過，也有不少騎著單車的青年男女和我們錯身而過。這種青春感在我們步行於四國這段期間很難得一見，大部分的時候，我們只會在路上遇到老人，二十出頭的人如此密集的出現反而很少。原來，善通寺市內有一所四國學院大學，就位在善通寺站和善通寺的中間。之前看過一部瑛太和上野樹里主演的電影《夏日時光機》（サマータイムマシン），就是在這裡取景的。

善通寺的本堂和大師堂在建築上是兩座獨立的寺院，本堂和山門都在東院，大師堂、寶物館則在西院，寶物館裡藏有國寶「一字一佛法華經」，而大師御影堂的地下室，則有黑暗無比的戒壇之路，古代修行者在受戒之前，必要通過黑暗之路的試驗，現在也讓一般參拜者體驗。

前一天在雲邊寺的山路時，我一直在思考關於人該如何面對自己感到痛苦的事情。我覺得爬山是一件讓我感到痛苦的事，但是只要我一直走，走得慢也沒有關係，只管走就是了，總會走到的；只要走到了，感到痛苦的事就結束了。當結束時再回頭看看剛剛經歷的時間，不過是兩個小時的事，好像也沒有太久，所以遇到覺得痛苦但又必定得做的事，是不是不需要太擔心，慢慢做總會做完的。

而可以再訪彌谷寺和善通寺是我對於遍路旅程中一直很期待的事，也是剛出發時的我以為非常奢侈的行程，那時還不曉得自己能不能走到這裡，但這一天我們做到了；也就是說，這是讓我很期待的一天。當我再看到茶屋老闆時很開心，能再踏上善通寺時也很開心，但是這樣的一天也很快地就結束了，而此刻，我已經完成了那些我期待的事，躺在善通寺市的旅館床上，所謂的開心的時間其實也很短暫。

原來，痛苦沒有自己以為的長，快樂也沒有自己以為的長，什麼樣的感覺都很匆匆。不過，有了這樣的體悟還是會讓人比較有勇氣，至少對於痛苦的事不再過度恐懼，而對快樂的事也不用太期待，它們會來，也會離開，身而為人的我只管坦然地面對它們就行了。

國分寺的小遍路

上次來四國旅行時，我曾在離善通寺市只有一站的琴平連住了兩晚，參觀了位在琴平的金刀比羅宮，也去了善通寺和去彌谷寺，去彌谷寺的路上，還因為迷路找路花了好些時間，等到第三天一早要從琴平離開時，心情卻很低潮，捨不得離開。

我對琴平和善通寺市這一帶有種莫名的喜愛，光是待在那裡就很開心。回台灣之後，我依然惦記著對那裡特別的情感，於是我才會很期待著那段行程。

不過還好這次離開飯店往下一座寺邁進時，心情還算平靜。一早是個陰天，還有點兒微涼，沿著遍路標示在巷道農地間穿梭，我們很快地完成了第七十六號和第七十七號的參拜。

第七十六號金倉寺是空海大師的姪子智證大師所屬的寺，最初是由當地豪族和氣道善所開創。智證大師幼年聰穎，信仰心甚篤，五歲時親見訶梨帝母現身，是以訶梨帝母成為智證大師的守護神。智証大師十五歲時至比叡山天台宗學習密法，成為第五代天台宗座主，晚年則回到故里，整頓金倉寺，金倉寺因此屬於天台寺門宗的寺院。

第七十七號道隆寺，道隆指的是開創金倉寺的和氣道善之弟道隆。據說道隆當年在附近見著一塊夜放光芒的靈木，於是道隆便向發光處射箭，沒想到射中了在靈木旁的乳母，道隆傷心後悔，於是刻了藥師如來像供奉，而乳母則奇蹟般地復活了。

中午過後，我們抵達第七十八號鄉照寺，鄉照寺是由行基菩薩開基，之後空海大師將之定為靈場。它建在一座小山坡上，可以眺見連結岡山倉敷和香川坂出的瀨戶大橋。

離開鄉照寺，稍微繞了點路才找到步行遍路牌。我們沿著遍路道牌走，穿過了坂出站前的商店街，繞行了一段小坡道，才找到第七十九號高照院。

第七十九號高照院，舊名天皇寺，它處在白峰宮的後方，本堂和大師堂都不大，納經所也只委身在一旁的小屋內，反倒是旁邊的白峰宮比較有氣勢。傳說古時瀨戶內海有怪魚，而當地有一座名為「八十場的靈水」的湧泉，可治癒怪魚施放的毒。空海大師巡錫此地時，特來拜訪靈泉，在此地建寺。

離開七十九號後，太陽也大方地現身了，午後的天氣一改早上的陰鬱，變得非常襖熱，往八十號的路雖只有七公里，但在我們心裡的距離卻有兩倍長。

從七十九號到八十三號有兩種走法，第一種就是按照數字的順序走，第二種是從七十九號先直接上八十一號、八十二號，之後去八十號，再接上八十三號。兩種走法的公里數差不多，而以後者算起來較近一點，在徒步地圖上兩種走法皆有標示，不過我已先訂了八十號附近的旅館，所以我們選了第一條路線。

第八十號是香川縣的國分寺，這所寺院傳說是由行基菩薩開基，寺裡供奉的本尊是千手觀音，由櫸木刻製的，已被指定為重要文化財。寺境內有八十八所靈場的石佛群，一尊接一尊，按照順序列排。

在出發之時，八十八座寺的順序和名字對我們來說，就像是一個個的符號一樣，沒有什麼實際的感受；但當遍路至此，再見這一座座石佛時，寺的名字已不是再是名字而已，當我們來到每一尊石佛面前，曾行經那裡所發生的回憶與風景就在心裡浮現出來，不管是美好的、沮喪的，都真切實在。

我想在這座寺裡，能夠有這一座小巡禮，實在是很有智慧的安排，透過石佛的形象來為遍路者確認來時路的點滴，好整頓心情，準備迎接幾天後的結願之日。

出了國分寺，預訂的旅館就在門前，之前訂這家旅館時還有些考慮，因為在網路上有看到某位遍路者給了不佳的評價。但我們入住之後，才發現完全是多慮，老闆娘非常客氣，等我們洗完澡，還幫我們把衣服拿去洗曬，甚至還幫我們收下晾乾的衣服。

吃晚餐時，老闆娘陪我們一起聊天，建議我們隔天的住宿點，加上隔天早上馬上就是山路，早點出門比較好，她幫我們在清晨五點四十五分時準備好早餐。

那一晚在這家旅館住宿的經驗很愉快，但我也能理解為何會有負評。對於遍路者來說，每天都有很多自我身心問題要面對，而抵達住宿點時，通常已是處在極度勞累的狀態，如果在那時候自己的某些預期沒被照顧到，很容易就會失去耐心，進而對住宿點有所批評。

就像我對遍路界人氣很高的久百百感到失望，有很大的一個原因只是因為我那天發燒不適，卻無法馬上如願洗澡休息吧！

幸福的鞦韆

隔天一早吃早餐時，民宿老闆娘告訴我們待會兒的路要怎麼走，八十一號和八十二號也算是難所。不過山上已有鋪裝良好的縣道180，辛苦的山路大概只有五百公尺左右，有了老闆娘先幫忙心理建設，出發時我比較不擔心了。

第八十一號白峰寺和第八十二號根香寺都位在五色台的中腹，五色台是由赤峰、黃峰、青峰、黑峰、白峰五座山的總稱，在五色台可眺看瀨戶內海多島的景色和港灣風情。

白峰寺在五色台白峰的中腹，寺內使用的焚香味道非常的濃郁，整座寺都瀰漫了那種香味。這座寺不僅是味道很香，寺裡更漂亮的像公園，寺裡還有各生肖的守護神可以供奉祈

就是這座鞦韆，我在這裡享受了自在幸福的片刻。

福，所有我們熟悉的神祇這裡幾乎都有，讓人感覺有點像寺院的便利商店。

根香寺位在五色台青峰的中腹，被包藏深山幽谷之中，也是賞楓名勝。當年空海大師巡錫此地時，感覺五色台的五峰就像是金剛界曼荼羅中心的五尊佛，因此在青峰中腹，立了一座名為花藏院的寺，智證大師又在此地立了一座千手院，之後兩處合稱根香寺。其本堂的迴廊還有三萬尊的小觀音像，本堂供奉由櫻木刻成的觀音像已被指定為國家重要文化財。

離開八十二號後，我們沿著遍路指標往山下走，這段產業道路一直下坡，且能眺望瀨戶內海壯觀的景色。不過一路上沒有休息的地方，直到走到高松西高旁，才有一座空曠的公園，我們便到那裡去坐一坐。

6 國分寺境內有八十八座小石佛，繞行一圈，又把一路走來的心情整理了一遍。 ／**7** 善通寺的本堂在東院，供奉的本尊為藥師如來。**8** 難所比一比，第六十六號雲邊寺最高，但走得最久的還是第十二號燒山寺。 ／**9** 第七十八號鄉照寺的山坡下有家百年歷史的餅店「高橋地藏餅本舖」，有好吃的豆沙糰子。 ／**10** 途中經過飯田休憩所時，又小憩了一會兒，這是一路上我看過最漂亮、敞又乾淨的遍路小屋。

1 低著頭的金剛拳菩薩，教我要總是記得謙和、柔軟。 ／**2** 好心的婆婆讓我們在她家喝茶、休息，對我們而言，又是菩薩現身了。**3** 從第七十三號出釋迦寺往上走三十分鐘，就會到達傳説中幼年大師縱身一躍的捨身嶽。 ／**4** 岡田爺爺自製講義，逐步為我們分析接下來路上的各種問題。 ／**5** M 畫給岡田爺爺的插畫。後來有遍路者帶回消息説，這張畫已被貼在岡田家的牆上了。

這時天氣還不錯，我坐在公園裡的鞦韆上，慢慢地搖著，享受著午後的陽光和微風。

M坐在旁邊的椅子上換拖鞋，今天她的腳特別不舒服，可能走太久腳有點腫，因此運動鞋反而太磨腳，只好換輕便的鞋子穿。

我覺得此時是走遍路以來心情最輕鬆的時候，因為百分之九十以上的路都走完了，該體驗的艱辛也都知道了，而此刻時間還很充裕，只要再走五公里就到預訂的旅館。我甚至想著，所謂涅槃的自在，是不是就是這種感覺呢？

太陽很好，風也很好，雖然很累，但不用擔心什麼事，也還健康能走路。我在心裡趕快拚命拍照，不想忘記這個坐在鞦韆上的當下。

才離開了幸福鞦韆，卻緊接著一段令人非常疲勞的路程。雖然這段路都是城市裡的街道巷弄，但或許是為了抄捷徑的關係，路況非常的神奇，有些田間小路非常地窄，有些則是水溝旁的小徑，小到你以為那裡根本不是一條路，但路牌會清楚堅定地要我們往那裡轉，指標一會兒往左，一會兒往右，穿過來又穿過去，若要我按來時路再走一次，我是完全無法記住的。

跟著指標走，穿過田中間，穿過墓園，穿過花市，穿過大馬路，穿過小學旁，終於到了第八十三號一宮寺。

一宮寺開基於西元八世紀初，由法相宗的僧義淵所開設，原名大寶院。之後行基菩薩在此重整伽藍，改名一宮寺。空海大師行經此地時，將之指定為靈場。

參拜完一宮寺，我們就到預訂的天然溫泉浴場，這家浴場附設了一棟可供住宿的公寓。或許是承襲了下午才感受到的自在，心情放鬆了，晚上才喝了一瓶罐裝氣泡酒，就有了一點醉意，趁著醉意，讓我那晚一夜好眠。

最快的捷徑

一早出門後，我們先找到遍路道的指示牌，然後跟著指示牌走，這會兒我們要穿越高松市的市區，從高松市的西南部走到高松市東北部的屋島。

找到遍路指標後，先沿著大馬路走一段，接著又和昨天往一宮寺的那段路很相像，為了串出最快的捷徑而在巷道裡繞來繞去。

不過，這裡的路標更甚以往，以往的遍路道牌，在轉彎路口是一定會有告示，而在直行路上也不時會有箭頭或小人指示，來讓遍路者確定正走在遍路道上。

但這段路並不是如此，遍路標只在轉彎的路口或是十字路口才會出現，直行道上幾乎沒有標示，有時跟著上一個路標轉了彎，但是走了好一會兒都沒有看到下一個指示，走著走著，會擔心是不是在哪裡漏看了路牌，或以為又迷路了，等走上好一會兒，還過了條馬路後，才會看到下一個指示箭頭。

也許是抄捷徑的關係，實際上的箭頭指出的遍路道和徒步地圖標出的路線是不一樣的，就算是在路上因為找不到箭頭而產生了迷惘，也無法靠地圖幫忙，只好非常專心地走路，免得錯過了路上隨時可能出現的遍路標示。

這段路標已經把我們這些遍路者當大人看，不會像之前一路貼，把大家當小孩子般呵護著；只貼在重要的地方，既精簡也不說廢話，遍路者該信任看到的指示，也該信任那個認好路標的自己。

這條遍路近道完全避開了高松市繁華的地方，只經過市郊的街道。在這條路上走了一個早上，也發生了幾次自以為跟丟了路牌，還向路人問了路才找到正確的方向。

不過問路時遇到的幾個人反應都很有趣，有人認為我們要走路到屋島寺簡直不可思議，積極地建議我們坐電車去；也有人這才發現原來他家這裡就是在遍路道上，之前一直看到有遍路者從家門前經過還覺得很奇怪。

讚岐被認為是涅槃的道場，在一般的佛家說法裡，認為涅槃指的是不再有痛苦和煩惱之境界，也不再有下一世的六道輪迴，是空、是無相、是無願。而在遍路的涅槃道場行進，看到當地人對遍路的反應，似乎也能對照這種說法。住在天堂的人不會意識到自己在天堂，就是這種感覺嗎？

但其實在還未進入香川縣時，就聽過不少他縣的人在傳香川縣的壞話，說那裡的騙子和壞人很多。當我們在民宿岡田和彌谷寺時，老闆也都提醒我們要隨身看好自己的納經帳，因為那是值錢的東西。

在香川縣，的確有不肖分子會覬覦遍路者的納經帳。涅槃的道場一共有二十三座靈場，但彼此的距離並不遠，不管在哪裡偷到納經帳，只要再花一天的時間用開車把剩下的行程補完，就可以湊成一本完整用印的納經帳拿去賣。再加上走到這裡時，遍路者往往由於疲勞和自以為經驗充足，相對比較鬆懈，因此偷兒反而容易得手。

我並不覺得香川縣壞人比較多，但上述的情況確有此事，遍路者在此地提高警覺，是有其必要性。而不只是在香川，遍路道上雖有接待這種美好的傳統，人和人的距離被拉近，但也會有不肖分子，利用這種人際交往思維，在路上行騙偷竊，出門在外，凡事還是小心為上。

近中午時，我們終於來到了屋島寺，屋島寺標高兩百九十三公尺，登上寺的遍路道都有水泥鋪裝，只是坡度蠻陡的，不輸神峰寺和明石寺前的坡道，而且距離不算短。

屋島寺的建築和台灣古廟的氣氛很相似，紅紅舊舊的，既帶點喜氣，又夾雜著滄桑的氣味。屋島寺最初是由鑑真和尚及其弟子惠雲律師開立，之後空海大師將之從屋島的北嶺移往南嶺。屋島附近曾經是源平合戰場，寺內的寶物館還有展出「屋島合戰圖屏風」等源平時期的文物。

下一號八栗寺的標高三百七十五公尺，其位處於山岳修行的知名道場五劍山之中，寺後即是險峻的山峰。八栗寺是由空海大師開基，傳說大師入唐之前曾拜訪此地，在此地安奉了千手觀音，並將八顆熟栗子埋入土中；待大師回國後，再度登嶺，八顆栗子已發出青翠茂綠的芽，此寺因而得名。

離開八栗寺後，沿著縣道145走下山，然後接上一小段國道11，再跟上遍路指標走小路，約步行六公里多後就抵達第八十六號志度寺。志度寺原本是法相宗的寺院，之後由空海大師指定為靈場。

參拜完志度寺，這天就收工了，這晚入住志度的飯店，我們打算在這裡住兩個晚上。這樣隔天就不用帶行李，輕鬆地踏上結願之路。

平安結願

隔天早上，我們輕裝出發，先往八十七號長尾寺前進。雖然少了行李，應該是輕鬆不少，但我的身體卻突然感到不適，右腳踝還扭到，只能跛著前進。

我一直期待著等身體走熱了，會覺得好一點，可是疼痛一直持續，也因為這些不舒服，我的心情瞬間來到低谷。我這才知道走在遍路旅行的最後二十公里，人也不會比較開心。拖著痛腳持續前行，還好在快到長尾寺時，心情總算平靜了一點。

相傳長尾寺是由聖德太子所開創的，行基菩薩曾在小堂安奉柳木刻製的觀音像，之後，空海大師在此護摩修法，將此地定為祈求五穀豐收的靈場。

離開長尾寺之後，我們就要往最後一所第八十八號大窪寺前進，要去大窪寺得翻過一座

屋島寺的紅色簷柱，有點像是台灣的寺廟。

奉納
納札入
屋島寺

標高七百多公尺的女體山，而大窪寺本身的標高也有四百四十五公尺。

我研究了一下地圖，光是遍路山道的走法就不只一條，但我比較關心的還是有沒有車道可以走。從地圖上看起來，只要沿著縣道3號一直走，再接上國道377，好像也能到大窪寺，好吧，那就這樣走好了。

沿著縣道3走了一段平路後，就開始上坡，之後我們來到長尾道路休息站旁的一個遍路交流沙龍。接待小姐看到我們來，確認了我們是走路來的遍路者之後，就帶我們到裡面的桌椅坐下，請我們登記資料。

這裡是一座有關遍路資料的展覽交流館，有很多關於遍路的文物收藏，展示了大先達的納經帳、四國地形立體地圖等。那裡的歐吉桑頒給我們一人一張寫有個人名字的遍路大使證書、紀念徽章和紀念光碟，原來就是我們在岡田爺爺家看到的那種證書和紀念品！

離開交流沙龍後繼續直行，但這段路沒有人行步道，走起來要特別小心來往的車輛，離開沙龍時已經是十點多，我們還有十公里要走，而我們早就看好從大窪寺開到志度的公車時間是一點半，我們只好加快腳步。

要來回大窪寺其實還是有巴士可坐，但是一天大概只有三個班次，巴士是在JR志度站和大窪寺間往返。如果我們錯過了一點半那班回志度的車，得等到三點五十分才行。

所以說，這段路算是最後的衝刺，表面上我只是不斷地移動自己的身體，但打開此時內心的想法來看，雖然高興就快要結束了，但這感覺並不明顯，也沒有特別的亢奮。福岡馬場先生說的「高興但寂寞」的微妙心情大概就是如此吧。

終於在十二點半時，我在大窪隧道口前看到大窪寺左轉的指標，左轉過了停車場，大窪寺就在眼前。

「啊，到了吔！」

我們在寺前拍了照，一如往常地去參拜，在納經所為家人買了祈福的御守，接著還是到處拍照。

大窪寺是由行基菩薩開基，空海大師曾在此地的岩窟修行《求聞持法》，並在此地安奉了藥師如來為本尊。之後，大師再度巡錫此地，將此地定為靈場。而大師使用過的錫杖，已成為寺裡的寺寶，這根錫杖被稱為「三國傳來的錫杖」，從印度傳到中國再傳到日本，空海大師入唐時，由惠果大師傳予他。

大師堂的旁邊，有一座寶杖堂，結願的遍路者可以將自己的金剛杖放在那裡。除了這座寶杖堂，讓人清楚意識到這是結願之寺的象徵之外，大窪寺並沒有什麼太異於其他寺的地方，也不會有人幫你拉禮炮祝賀，所有的儀式如常。

離開寺之後，我們在公車站遇見了澳洲人大衛，他說他剛是走山路過來，他覺得這座山是他一路走來最陡、最難走的一座。他陪我們等公車，等我們上車後還目送我們離開，真沒有想到是他和我們一起走到最後。

在車上搖來搖去很舒服，我又不小心睡著了。醒來之後，看看車外的風景，以為已經來到志度，就按了鈴下車了，沒想到下車之後，才發現只到長尾而已，離志度還有六、七公里。「天啊！」我想著，好不容易趕上了公車，以為能輕鬆地回飯店休息，沒想到居然還得多走路，此時只覺得懊惱。

我們走了幾步，就看到路旁有家計程車店，已經公主病上身的我們便決定拜託車行幫我們叫車。

在徒步的遍路地圖上都會有附近計程車行的電話，以便步行遍路者走到體力不支時，可以就近叫計程車來解救自己，真是令人安心。我們一路上都沒有用到這個絕招，沒想到在最後一步時還是體驗到了。

過了五分鐘，我們的車來了，和司機講了我們要到的飯店，就放空休息了。坐計程車的另一個好處，就是可以直達飯店門口，如果剛剛沒有下錯站，那麼還得從火車站走個一公里多才能到飯店。結果我們比搭巴士更快地回到今天的家，老天爺果然是讓我們過公主般的生活。

隔天早上，我習慣性地早起了，坐在馬桶上我想著今天要做什麼，我才驚覺兩年多來我一直在想的事情已經完成了。

「啊，走完了吔！」我想著，但是結局一點都不絢麗，只是在心裡有種淡淡的滿足感，還有一堆身體的疲勞等著慢慢來調理消滅。

2

3

4

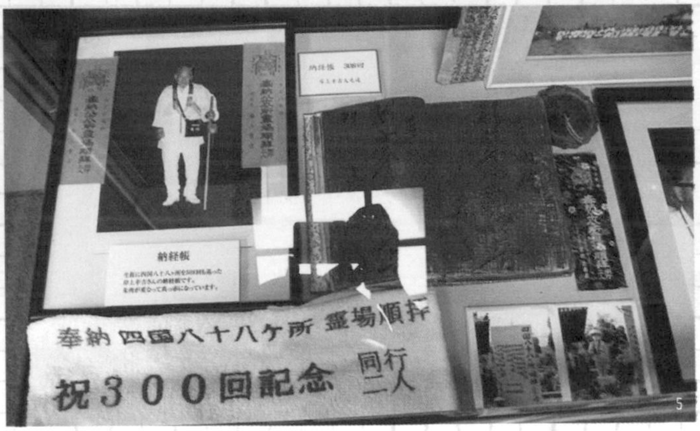

5

6

4 大窪寺就在眼前。雖然來到終點，遍路的旅行要結束了，但其實只是人生另一頁的開始而已。　/**5** 在遍路沙龍看到遍路大先達巡拜三百次的紀念品，心裡開始計算這需要花多少時間，假設繞一圈需要四十天的話，至少要在這條路上巡走三十三年，才能達到這個紀錄。
6 在遍路沙龍裡展示的大先達白衣，白衣也可以納經，這件白衣已被蓋滿了各寺的印章。

1 八栗寺的登山口有纜車可以搭乘，成人單程上山票價為五百五十圓。每十五分鐘一班車。　/2 納札是寫上個人姓名來歷，向大師秉告的名片。納札的顏色不同是因為遍路次數不同而有異，第一次遍路的人是使用白色的納札，二至四次也都是白色，五至六次是用綠色，七至二十四次是用紅色，二十五次以上是銀色，五十次以上是用金色，一百次以上則是彩色的。　/3 拖著痛腳持續前行，所幸走到長尾寺時，看到寺廟、藍天，心情總算平靜了一點。

後記

遍路的前一年，我去四國自助旅行了一回，那時為了想親眼看看位在室戶岬附近的「御廚人窟」，特別搭火車，又換了公車，搖搖晃晃幾小時，才終於到達四國的右下角。

當時親眼看到原來空海大師是在這麼狹小陰暗又如此臨海的山洞裡苦修，心裡對於大師的意志力由衷感佩。

那天入住的民宿，就是位在室戶岬口上的室戶莊，那時候我還不清楚原來這是一家服務遍路者的民宿，只覺得用餐時見著的同宿住客，都稍有年紀，就算是朋友同行，吃飯時都不喧鬧，老闆也一直來問候辛勞。

隔天一早，我自覺已早起，先去岬邊散個步再回來吃早餐時，其他住客早已紛紛出發上路，我還訝異著大家怎麼那麼趕。

吃早餐時，我已是最後一位客人，老闆娘拿了一包烤地瓜給我，讓我待會兒在路上當點心吃。後來還乾脆和我聊起天來，她說很少有台灣人來投宿，很好奇我為何會來，於是我們聊起了遍路。

她和我分享了一些作為四國人所感受到的遍路經驗，而最後的結論是：一切都是託空海大師的福。她認為四國如果沒有遍路，許多民宿、旅館、飲食店根本沒有生意，但因為有了這條路，四國的民生得以維持，空海大師用這條環繞四國的道路，利益了四國的子民，也利益了上路的遍路者。

沒想到，一年後我真的踏上遍路，如室戶莊老闆娘所說的，一路走來，遍路道上有各種照顧遍路者的設施，遍路者只要負責走好路，其他的事都有辦法在路上就近得到幫助。而也是真的上了路，回想當時住在室戶莊的情景，我才明白同宿的住客必須要早起，當天可是一段漫長的行程呢（就是我們從白天走到晚上的那天）；而原來我那天得到的烤地瓜，就是所謂的「接待」。

在大窪寺結願後，我們去了一趟高野山。高野山金剛峰寺是空海大師於西元八一六年開創的真言宗道場，其奧之院也是大師入定仙遊的聖地。我們用的那本納經帳上第一頁是留給高野山奧之院用的，補完了這一頁，才像是真正的結願。

不管是遍路之前或之後，空海大師對我來說的意義，並不是神，而是人——一個意志堅定且柔軟善應的大前輩，一個歷史上曾經存在的人。他可以在稚幼之年發現自己的心意，並在得到心法後，持續苦修，不畏困難的入唐求取更高深的法門；待回到日本，雖然已得到了名聲，仍繼續上路巡錫弘法，儘管一路上的行旅都流傳下神奇不似現實的故事，但從中可見其拔苦與樂的慈悲，感化了曾經相遇的有情眾生。就算成為高野山上的一代宗師，仍以宣教修法為志，完整一生。

他的故事就像是四國的那條路：發心、修行、菩提、涅槃。由他開出了輪廓，然後經由一代又一代的人，受其精神感召，堅定守護那個環狀道，使之沿續到現代。

活在二十一世紀的我們，能夠依著一條路與大師的人生和其開創的歷史串聯，何其有幸。因為這條路所代表的是一股如你我的人類曾經創造出的力量，既堅強而溫暖，人該擁有的行動力、耐力、與友善的同悲同喜，這條路都能給予。

對我而言，遍路就是這樣一種具象的自我實現過程，我必須意識到這件事，看著這件事在我心中發芽茁壯，開始願意為了它做準備，出發，上路後每天都是自我對抗的輪迴，直到最後一天，然後就完成了。

原來人生也是這樣，遇到自己在意的事、喜歡的事，要親近它、擁有它，並不是那麼容易，必須有所付出、驗證。真實的人生並不喜歡教我如何面對挫折，認為那是一種失敗，很麻煩，於是真的遇到時只能無所適從或恐慌；而遍路的這個模型則教會我，其實人生的本質並不是光鮮亮麗，但那也沒有什麼關係。

重要的，不是達到終點的那一天，而是一路上跌跌撞撞所累積出的風景。重要的，不是我要去哪裡，而是我願意走去，不管是哪裡。

每天就是一直走路，雖是和朋友同行，但大多數的時候我們只是各自安靜地走著。

表面上是安靜的，但心裡則一點也不安靜，抱怨天氣熱，抱怨路太遠，抱怨腳痛，抱怨肩膀痛，抱怨肚子餓，抱怨口渴，什麼事都可以想到，什麼事也都可以忘掉。那一路來如果可以把內心戲接上螢幕播放給各位看，可能只會是些細碎、無關痛癢、重覆率很高的情節。

但是，這些就是我。

在遍路上，確實體會了的大概就是「自己」，體會到自己很多時候的沒有能力，很多時候很想投降。

把遍路再拿回人生來說，雖然從中看透了自己的不足，但完成了這件事，讓自己相信在面對人生的困難時，會有克服它們的勇氣。就像遍路一樣，走到累了，要賴不想走沒有關係；心情壞就像雨天一樣，等放晴了之後，還是能繼續。相信雨後天會晴，相信慢慢走總會走到，這是我在遍路上學到的事。

原來這條路最核心的課題，只是要學著相信自己和陪伴自己而已。

回想著這趟旅行，儘管是走完多年後的今天，心裡仍是喜悅，偶而還會因為想念起某段路上的風景而懷念不已。這一路上我得到了很多人的幫助，雖然他們看不到，但我還是要在這裡謝謝他們，四國人的親切友善，讓人難忘。

這是一條很棒的路，從視覺上會得到很多的美景滋潤，也會吃到很多從山水土地裡蘊育出的美味，得到很多善意的支持，也能和自己更貼近。我試著把走過的路轉化成文字，讓大家也能透過文字來看看這條路上有什麼，但相信我，這條路上有的，比我能說出的更豐富。

各位遍路者辛苦了！

遍路不可不知的 Q&A

Q 不懂日文的人是否可以去遍路？

如果懂日文，當然會方便很多；而如果語言不通，還是有替代的作法，但是行程中自然會因為語言而受到一些限制。比如說無法和路上遇到的人有太多的交流，問路時也會無法精準地理解。

請隨身準備一本小本子，臨時需要問路時，馬上可以寫好地名找人問，但因為語言不通，問路時只能確定好下一步該往哪個方向，邊走邊問，直到找到路標為止。

還有關於住宿的問題，如果想住旅館民宿而非野宿，到時候請今天的民宿老闆幫忙打電話訂明天的住宿，這樣或許可解決住宿訂房的語言問題。

Q 一日的預算該怎麼抓？

如果是計畫住民宿旅館的遍路者，一天的預算可以用九千到一萬日幣來估，這包括住宿、吃飯、納經、雜支，住宿費有時多有時少（遍路民宿一泊二食的行情以六千到六千五百圓為多），每天平均一下還蠻足夠的。

如果野宿的話，一天大概用三到五千日幣估算，應該綽綽有餘。不過若有時想投宿民宿，或付一些便宜的住宿清潔費，需要一些現金放在身上會較方便。

在遍路途中，大多不收信用卡，主要是以現金交易。但如果擔心身上太多現金，可以使用 ATM 提款或是兌換日幣旅支的方式。不過，要注意的是，日本的 ATM 並不全是 24 小時營業，有些機器也不支援跨國提款，而旅支得在較大的城市裡的銀行郵局才有得換。

因此，建議至少準備足夠走個十到二十天的現金，其餘則可自行評估使用 ATM 提款或兌換旅支。不過，千萬不要等到錢花光時才想到要領錢，途中遇到大城市或提款機，就要先把握機會將錢換好。

Q 什麼時候最適合遍路？

春季最適合遍路，氣候比較舒服，也不需要擔心颱風。但是五月初會遇到日本的黃金週，想住旅館的遍路者要提早訂這段時間的住宿。

夏天很熱，如想在夏季遍路，防曬和補充水分很重要，夏季在德島及高知等地都有大型的祭典活動，祭典期間，德島市和高知市附近的住宿會比較難預訂。

夏秋兩季都要注意颱風，冬季時有些山區會降雪，部分遍路民宿也會休息。

計畫住旅館的遍路者，請事先留意遍路期間的連休假日或祭典，這些訊息在網路上都可事先查詢，例如上述的黃金週或夏天的盂蘭盆節等等，這些時間旅館經常容易客滿或休息，屆時應提早預訂或尋找其他替代方案。

Q 是否需要一次走完？除了徒步之外，是否還有別種遍路的方式？

遍路可依照個人的時間和預算計畫，一次完成很好，分幾次慢慢走完也很好，只參拜一、兩所也是個好緣份，請隨心意進行即可。

除了步行之外，騎自行車、機車、搭巴士、自行開車皆可，日本當地旅行社也會策畫很多遍路旅行團，可選擇參加。

有哪些值得參考的網站？

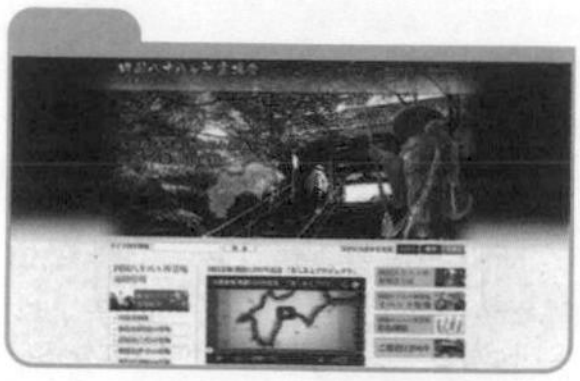

四国八十八ヶ所霊場会公式ホームページ（日文）
http://www.88shikokuhenro.jp/
四國遍路的官方網站

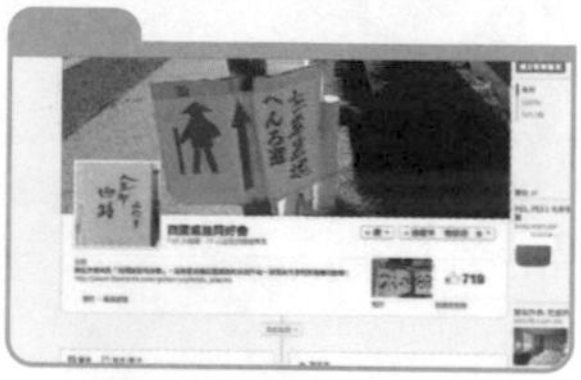

四國遍路同好會（中文）
https://www.facebook.com/gohenro
臉書上的四國遍路中文交流平台

お遍路情報（日文）
http://www.ohenro.info/
有許多實用的行程規畫建議。不過「準備行動」中供下載的住宿資料未更新，僅供參考。

掬水遍路館（日文）
http://www.kushima.com/henro/
這裡有很多遍路相關的情報，也有住宿和地圖的更新訊息，還有很多前輩們的遊記連結可供參考。另外，還有英文版可使用，非常方便。

Pilgrimage on Shikoku Island（英文）
http://www.shikokuhenrotrail.com/
這是一個不懂日文的外國人寫的遍路英文網站，裡面寫了很多他的個人經驗，可以參考。

Q 該準備哪些行李？

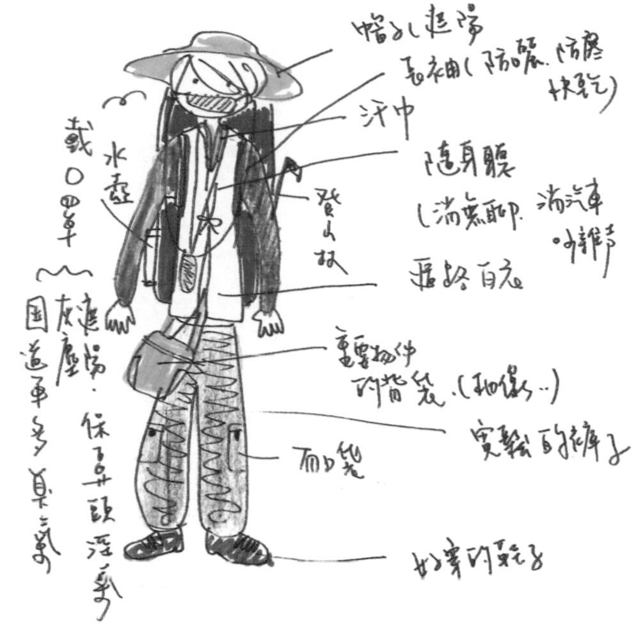

雙肩背包：35L~60L 之間，視個人全行程計畫之行李而定。背包質料以輕量、可防小雨為宜，並需備好防雨罩。

隨身包：可放護照、現金等重要物品，上路時也可放地圖、納經帳（約 B5 大小），以備隨時查詢。

衣服：可供洗換的套數即可，材質最好是快乾、能排汗。春秋兩季最好有可防風防雨的夾克，冬天要有防寒的外套。

鞋子：以健行用的防水鞋為宜，鞋底要厚，出發前請先穿慣它。登山用的靴子太重，而慢跑鞋又不太防水。

襪子：厚一點的襪子，可保護雙腳。日本的遍路網站也推薦五指襪。

帽子：如果不準備遮陽帽，可在第一號靈山寺購買菅笠（斗笠）。

登山杖：如果不準備登山杖，可在第一號靈山寺購買金剛杖，遍路道上有不少陡峭山路，有個支撐是重要的。

小手電筒或輕便頭燈：行經隧道、或偶而入夜後的路需有一點照明幫助。

常備藥：需準備個人慣用的腸胃藥、止痛藥、消炎藥，OK 繃、痠痛按摩藥也會用得到，不夠的藥品可在當地的藥妝店補給。

行動電話：如果要投宿旅館的遍路者，訂房時常會問及聯絡電話。因此租借日本門號的手機，如果在途中想預約或取消住宿，都比較方便。我們這次是在台灣就先到手機公司租借日本手機，出發前就可拿到號碼，家人也比較安心。

水壺：日本的自來水大多能直接生飲，且一路上隨處可見販賣機，水的補充問題不大，但在進入山區之前記得先把水壺裝滿。

雨具：雨大時會需要穿著雨衣，也可在途中購買。

適合一個人走嗎？或者有伴同行較好？

在遍路道上我們遇到的遍路者其實各種組合都有，有一個人，也有朋友兩、三人或夫妻檔，也有女生獨自上路，但不管是一人或是有伴同行，都要注意安全和保持好自己的步調為上。

另外要特別強調，步行遍路其實是一件勞心勞力的活動，並不是那麼的好玩，不管是自己或是邀請的同伴，最好都要先有這樣的認知，不然很容易會因為與自己的預期不同而走不下去。

如果有伴同行，最好彼此能對在路上的生活狀況有基本的共識：例如是要住旅館還是野宿、是否能接受天天早起、是否能承受得住每天走八小時或以上的路、如需要休息時間該如何安排、可否接受彼此有步調不同的情況……。在路上其實很辛苦，如果生活上能彼此理解配合，會走得比較愉快。

是否要有很好的登山經驗或體力？出發前是否需要特別做什麼鍛練？

我想如果有當然是最好，但是沒有的話也不是不能去。

以我本人的狀況來說，我非常不喜歡爬山，但算是喜歡走路的人，在出發前，我曾試過幾次和朋友在台北市的馬路上走個五、六個小時，以便揣摩長時間走路的感覺。

日本的遍路網站皆建議出發前應儘量去走路，各種路都可嘗試著去走，大馬路、巷弄道、鄉間小路、山上的產業坡道、山路……，因為遍路道上就是什麼路況都有。

Q 寺和寺之間的距離不定，該如何確認到達下一間寺前會有投宿的旅館（或野宿）？

遍路徒步地圖上會清楚地標明旅館或民宿的位置，靈山寺也有提供免費住宿點（善根宿）的資訊給有意野宿的遍路者，可視個人狀況和計畫來預定住宿點。

遍路道上的民宿旅館或飯店可事先以電話預約，許多民宿也接受當日預約，或直接到店詢問，但提早預約當然也比較能確保住宿，尤其是登山口附近或山上的住宿點（如燒山寺宿坊、金子屋、民宿岡田），若有意住宿，務必提早預約。

剛上路的那幾天，都是在了解遍路的環境和讓自己的身體習慣長時間走路的過程，因此行程上不用給自己太多的壓力，等過幾天比較了解自己的身心狀況後，大概看地圖就可抓出進度了。

建議剛開始可先用十五到二十公里的距離來抓住宿點，等到身體習慣了之後，一天要走多少公里，要住哪裡，就較容易掌握了。

Q 萬一迷路時該怎麼辦？

へんろ道

遍路道上都有路標指示，如果察覺已經很久沒看到路標了，或是查看地圖感覺不太對勁，就趕快找人問路吧！

之前在旅途上前輩有教過我們，問路時儘量問年紀稍大的長者，他們比較懂遍路道，知道哪裡有近路，年輕人大多會指車道，有時反而路程變遠了。就我們自己的問路經驗也是如此，果然還是年長者較知道路。

Q 該怎麼到達第一號靈山寺？

可搭機到大阪或四國香川縣的高松機場，再轉車到德島火車站。

到了德島火車站後，搭乘 JR 高德線到板東站。但板東是小站，往高松的快車不會停，只有普通車才會到。板東站下車後，步行一公里左右便抵達靈山寺，沿路有指標可依循，不用擔心迷路。

另一種方式則是在德島車站前搭大麻線的巴士，「靈山寺前」下車即可。

德島巴士網站（前往靈山寺需搭乘大麻線）
http://www.tokubus.co.jp/

Q 白衣等遍路裝備該在哪裡買？

白衣可在靈山寺購買，不過靈山寺一般會送給步行遍路者白衣背心，其他的用品則可依個人的需要購買。在路上至少要穿上白衣背心，若是要問路或需要幫忙，較容易取得他人的理解。

並不是每間佛寺都會賣白衣和金剛杖，有的樣式齊全，有的只有賣單品，有的寺則什麼都沒有，最方便的地方還是第一號靈山寺，你可以在那裡一次購齊需要的物品，也能買到黃色封面的徒步地圖（兩千五百圓左右）或車用地圖（一千圓左右）。徒步地圖比較貴，但是上面有標徒步道和車道，以及詳細的住宿點（包括電話地址）和各種休息站、超市、便利商店等資訊，非常實用。

遍路用品的費用如下（皆為日幣，此為一般行情，每家賣店價格略有不同，僅供參考）：白衣有袖 2100、白衣無袖 1890、輪袈裟 1300~2100、金剛杖 1200~1600、佛珠 1500~6300、菅笠 1300~1900、納札 150、蠟燭 315、線香 420、經本 315~525、納經帳 2100~5250。

什麼是納經？

納經是指寺裡會為到訪的信眾用朱印和以書法寫下寺裡本尊的聖號和寺名等字樣，作為參拜的紀念，但是個人可以選擇要被納經在哪裡。

納經帳指的是一本專門拿來納經的冊子，而納經軸則是一個供納經使用的卷軸，兩種東西都可以在第一座靈山寺買到，視個人需要準備，在遍路的寺裡用納經帳納經一次三百圓，卷軸一次五百圓，遍路穿的白衣也可以納經，一次兩百圓。

遍路途中買吃的東西方便嗎？途中想休息或上廁所方便嗎？

遍路徒步地圖上都會標明超市、便利商店的位置，也會標上一些特定的餐廳。不過，有些路段什麼店都沒有，或是剛好遇到附近唯一的店的公休日，就很傷腦筋。所以最好隨時準備一些口糧，以便肚子餓了馬上補充體力。進食時以少量多餐為宜，吃太飽走起路來很痛苦。

另外，地圖上也會標明休息站、遍路小屋和便利商店，有洗手間可以使用，必要時警察局、火車站、加油站都可借用。

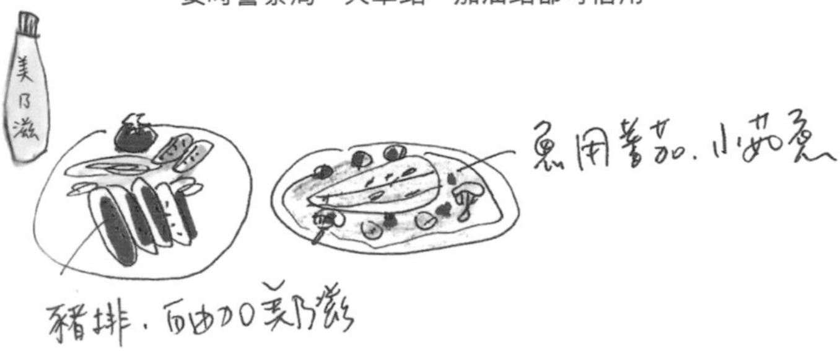

沿途是否有標示里程？若無，要如何得知離目標還有多遠？

基本上這個問題不用太擔心，徒步地圖上都會標明寺和寺之間的里程數。而在路上看到的路標有的也有標示里程（但並不是全部都有），路標和地圖搭配使用，便容易掌握路程。

若全程徒步遍路，需要多少天？

一般走完全程，約四十到五十天，有經驗的遍路先達可能會更快些。這次我們剛開始走得比較慢，後來有時放自己半天假，有時還去觀光一下，一共花了四十六天。

八十八座寺的開放時間為何？是全天都能參拜嗎？

並非全天開放，每座寺固定開放時間皆是早上七點至下午五點。寺裡納經所的營業時間也是如此。

但有些寺設有宿坊或供野宿者投宿的通夜堂則不在此限。

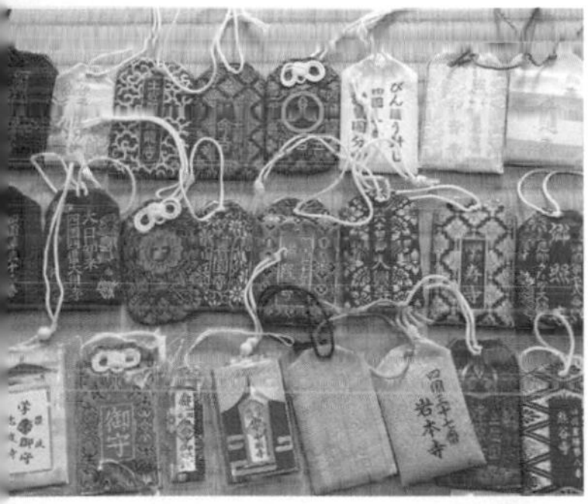

Q

若從第一號佛寺至八十八號結願之後，是否要再到第一號才算完整？或是再至高野山才算圓滿？

至今其實沒有定論，因此看個人安排。我們這次去遇到大部分的朋友都選擇走到八十八之後，直接上高野山，另外也有一些人是再從八十八走到第一。

Q 如果無法一次走完，只是想體驗一下四國遍路，有哪些推薦路段？

八十八座靈場有的附近就有火車或巴士站，有的則無法靠大眾運輸到達。以下挑選幾段較有代表性的路段，並附上可行的移動方式。若計畫去四國自助旅行的朋友，想體驗一下遍路行程話，可參考以下路段。

從德島出發

半日行程 第一號靈山寺 → 第二號極樂寺 → 第三號金泉寺（約四公里）

特色：可以到前三座靈場感受初發心的氣氛。想要採買一些遍路周邊商品，也可以在此購齊。

從德島車站搭 JR 高德線至板東站，步行一公里可達靈山寺，或搭大麻線巴士至「靈山寺前」下車。沿遍路指標步行至金泉寺後，參拜完金泉寺再步行七百公尺可達 JR 板野站，可搭火車或鍛冶屋原線巴士回德島車站。

路況筆記：大馬路邊或小巷，很好走。

① 靈山寺

③ 金泉寺

② 極樂寺

兩天一夜行程　第二十三號藥王寺 → 第二十四號最御崎寺

特色：日和佐城和室戶岬，本來就是德島和高知的觀光景點。若想要一訪國道 55、御廚人窟等遍路道上讓人難忘的重要地段，可從德島車站出發，購買「德島‧室戶‧高知車票」（德島・室戸・高知きっぷ，兩日內有效），到此一遊。

在德島車站搭 JR 牟岐線至日和佐站下車步行四百公尺，可達藥王寺。之後繼續搭牟岐線至海部，換乘阿佐海岸鐵道至甲浦；再從甲浦站換乘高知東部交通路線巴士，在「室戶岬」下車，可一訪附近的御廚人窟，並沿最御崎寺登山口步行八百公尺達最御崎寺。最御崎寺山門下的室戶岬燈台，海景一級棒，是戀人的聖地！

之後可續搭東部交通路線巴士至奈半利或安藝站，轉乘火車到高知。由於車班不多，若想一天內走完這個路線，必需考慮好接駁班次。

路況筆記：往最御崎寺有兩條路，東岸是山路，西岸是車道。山路走起來會有點兒喘，但近，車道很寬闊，但遠一些，請自行選擇吧！

23

藥王寺．

24

最御崎寺．

從高知出發

一日行程　第三十一號竹林寺 → 第三十二號禪師峰寺 → 第三十三號雪蹊寺（經渡輪，約十三公里；經浦戶大橋，約十六公里）

特色：竹林寺旁邊就是高知牧野植物園，不過搭車去植物園觀光的話，還是要買門票唷！從禪師峰寺眺望土佐灣，搭船或步行穿過浦戶灣，風景都美得讓人難忘啊！

可在高知車站前搭「ＭＹ遊巴士」（MY 遊バス）至「竹林寺前」下車，之後沿遍路指標步行至雪蹊寺。

從第三十二號步行六公里處需跨越浦戶灣，可選擇免費的渡輪（約一小時一班），或走浦戶大橋。

參拜完雪蹊寺，可步行三百公尺至「高知縣交通長濱出張所」，搭巴士返回高知市區。

路況筆記：剛離開第三十一號竹林寺的遍路道是山道，路況不是太好，請留心腳步。

31 竹林寺

32 禪師峰寺

33 雪蹊寺

從松山出發

半日行程 第四十八號西林寺 → 第四十九號淨土寺 → 第五十號繁多寺 → 第五十一號石手寺（約八公里）

特色：松山市內的遍路道，可一訪古意盎然的淨土寺，國寶雲集的石手寺，之後還可到道後溫泉泡個湯。

搭伊予鐵道橫河原線到「鷹の子」站，步行一公里多可達西林寺，沿遍路指標步行至石手寺之後，可再走一公里到達著名的道後溫泉區。

路況筆記：都是馬路和巷弄道，很好走，注意好路標就行囉！

50 繁多寺

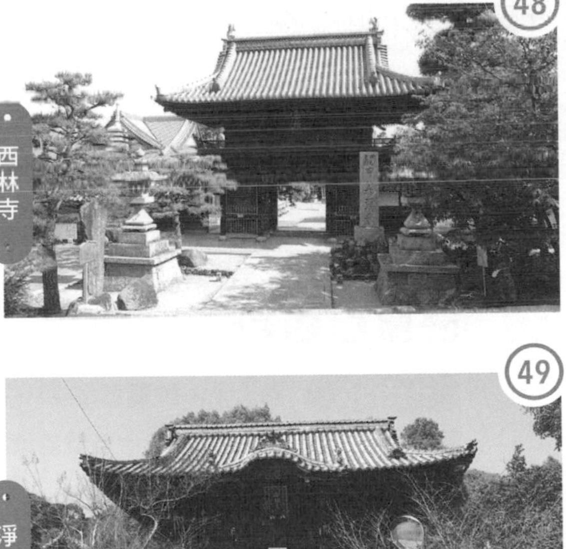

48 西林寺

51 石手寺

49 淨土寺

74 甲山寺

71 彌谷寺

76 金倉寺

75 善通寺

72 曼荼羅寺

77 道隆寺

73 出釋迦寺

從高松出發

一日行程 **第七十一號彌谷寺 → 第七十二號曼荼羅寺 → 第七十三號出釋迦寺 → 第七十四號甲山寺 → 第七十五號善通寺 → 第七十六號金倉寺 → 第七十七號道隆寺（約十九公里）**

特色：第七十一號山門下的俳句茶屋是必定要拜訪的地方；第七十五號善通寺是最大的靈場，也是空海大師的出生地、重要的朝聖地。從七十一號到七十七號之間是著名的「七福神巡禮」路線（七ヶ所まいり），體驗遍路順便祈福唷！

在 JR 予讃線的「みの」站下車，步行三點三公里可達彌谷寺。之後沿遍路指標步行至第七十七號道隆寺，參訪完道隆寺步行一點二公里可達多度津站。

路況筆記：剛離開第七十一號彌谷寺是路況不太好的山路，雜草落葉很多，雨天怕滑，請小心行走。

一日行程 第八十四號屋島寺 → 第八十五號八栗寺 → 第八十六號志度寺（約十二公里）

特色：屋島寺和八栗寺是香川縣的觀光區，兩座寺都在小山上，可一覽市郊的山光水色，心曠神怡。

可搭琴電至琴電屋島站下車，步行三公里，可抵達屋島寺；或搭乘往屋島山頂的巴士（屋島山上行きシャトルバス）至「屋島山上」下車。沿遍路指標步行至第八十六號志度寺，參訪完志度寺步行約七百公尺抵達 JR 志度站或琴電志度站，可返回高松市區。

路況筆記：從第八十四號屋島寺下山的路有兩條，往停車場方向的那一條路為山道，較難走，但距離略近，請小心腳步。

半日行程 第八十八號大窪寺

特色：感受結願之寺的氣氛，順便到此許下心願。下次親自走一回吧！

在 JR 志度站搭大川巴士多和線，「大窪寺」下車可達。一天只有三個班次，請留意時間。

路況筆記：基本上坐車去的話沒什麼問題。但聽其他遍路者說，往第八十八號的遍路古道女體山，是全遍路道上最難走的一段，有興趣的朋友也可挑戰看看。

國家圖書館出版品預行編目 (CIP) 資料

遍路 — 1200 公里四國徒步記 / 小歐著 . -- 臺北市：
群星文化 , 2014.05
面； 公分 . --（GoodDay；3）
ISBN 978-986-90296-2-9（平裝）

1. 遊記 2. 日本四國

731.779 103007790

GoodDay 003

遍路—— 1200公里四國徒步記

作者	小歐
內頁插畫	M
攝影	小歐、M
責任編輯	戴偉傑
美術編輯	曾微雅
發行人	龐文真
執行總監	李逸文
執行副總編輯	李清瑞
資深行銷業務經理	尹子麟

出版 群星文化
台北市 106 大安區忠孝東路三段 247 號 4 樓
讀者服務專線：02-2752-8740
總經銷 大和圖書有限公司 - 電話：02-8990-2588
印刷 前進彩藝有限公司 - 電話：02-2225-0085
法律顧問 益思科技法律事務所法律顧問
出版日期 2014 年 5 月
初版 6 刷 2021 年 12 月
定價 320 元
ISBN 978-986-90296-2-9

遍路
四國
自在的香涅槃
end
start
脆弱
打擊
熱烈的發心
體驗挫敗
看清脆弱
見識脆弱
挫敗
絕望
艱辛的修行
1200公里
1200年
徒步
一步一腳EP
水泡
88寺
電車
汽車
腳踏車
計程車
便車
飛機
船
虛無
證悟的菩提